市场经济三十问

——不说教的经济学

章晓洪 冯 清 著

中国财经出版传媒集团

经济科学出版社
Economic Science Press

图书在版编目（CIP）数据

市场经济三十问：不说教的经济学/章晓洪，冯清著．
—北京：经济科学出版社，2021.5（2021.6 重印）
ISBN 978 - 7 - 5218 - 2535 - 0

Ⅰ.①市…　Ⅱ.①章…②冯…　Ⅲ.①市场经济 –
通俗读物　Ⅳ.①F014.3 - 49

中国版本图书馆 CIP 数据核字（2021）第 081457 号

责任编辑：陈赫男
责任校对：王肖楠
责任印制：范　艳　张佳裕

市场经济三十问

——不说教的经济学

章晓洪　冯　清　著
经济科学出版社出版、发行　新华书店经销
社址：北京市海淀区阜成路甲 28 号　邮编：100142
总编部电话：010 - 88191217　发行部电话：010 - 88191522
网址：www. esp. com. cn
电子邮箱：esp@ esp. com. cn
天猫网店：经济科学出版社旗舰店
网址：http：//jjkxcbs. tmall. com
北京季蜂印刷有限公司印装
710 × 1000　16 开　15 印张　160000 字
2021 年 6 月第 1 版　2021 年 6 月第 2 次印刷
ISBN 978 - 7 - 5218 - 2535 - 0　定价：60. 00 元
（图书出现印装问题，本社负责调换。电话：010 - 88191510）
（版权所有　侵权必究　打击盗版　举报热线：010 - 88191661
QQ：2242791300　营销中心电话：010 - 88191537
电子邮箱：dbts@ esp. com. cn）

序 言

在 20 世纪 90 年代初期选择计划经济还是市场经济为中国改革目标模式的大辩论中,我曾为冯清君所著《实用市场理论》写过一篇推荐性的序言。事过 30 年,冯清又与章晓洪君合作,为读者贡献了进一步理解现代市场经济制度的《市场经济 30 问》一书。我很乐意为它写一篇新的序言。

在前一本书里,冯清不但明确提出在中国建立市场经济的构想,还对市场经济体制的基本框架和运行规律做了通俗易懂,但不失理论严谨性的说明。这对于广大干部和民众在现代经济学基本原理的基础上准确理解我国经济改革的目标,起了很好的作用。1992 年,党的十四大确立了社会主义市场经济体制的改革目标,开启了建设统一、开放、竞争、有序市场经济体系的历史进程。正像经济学理论所预示的那样,市场经济基本框架的建立,把亿万民众在僵化的命令经济体制下被压抑的积极性、创造性和喷薄欲出的创业精神解放出来,使中国经济产生了令世界瞩目的变化。

当前，中国的改革开放进入了一个新时代。党的十九届五中全会提出，要立足新发展阶段、贯彻新发展理念、构建新发展格局。显然，在这个新时代中，要继续保持好发展的势头，真正实现上述"三新"，最重要的一条就是要继续坚持市场取向的改革，构建市场机制有效、微观主体有活力、宏观调控有度的经济体制。

《市场经济三十问》一书值得推荐之处，就在于它不但对中国改革开放进程中的几个阶段所产生的经济现象和争论做了实事求是的回顾，还围绕现代市场经济的新发展和它面临的新问题展开了论述。例如，书中对于虚拟经济和实体经济这类在理论上尚未有定论的经济形态也做了客观的分析。这就为正确理解现代市场经济运行机理和进行深入的讨论提供了基础。

吴敬琏

2021 年 3 月 14 日

FOREWORD
前 言

　　摆在读者面前的，是一本关于市场经济的科普读物。本书基于早年的《实用市场理论》（后更名为《市场经济入门》）一书，进行了修订、改版。《实用市场理论》是国内第一本专门结合中国国情介绍市场经济原理、提出改革建议的书籍。该书凝聚了中国部分改革先驱者，尤其是提出中国经济改革应有总体设计的经济学家们的心血和智慧。

　　本书结合当今信息化时代中国在市场经济条件下出现的一些热点现象，以及人们亟待了解的一些经济学术语，将该书再次改版。由我们两个人在一些知名前辈们的指导下以问答的形式来完成。有些与经济学相关的名词，例如"修昔底德陷阱"（世界第一大经济体必然要打压第二大经济体）、"明斯基时刻"或"螺旋"（进入经济断崖式下跌的拐点而难以止跌）、"灰犀牛"现象（大概率事件）、"黑天鹅"现象（小概率事件）、"马太效应"（强者更强，弱者更弱或穷者越穷，富者越富）、环比（本月指标与上月或上上月连续两个月的指标相比)、同比(今年本月指标与去年本月指标相比)、"挤出效应"(政府提高利率,使 GDP 中储蓄部分转向购买政府债券开展公共公益事业,使私人储蓄和投资都会减少)、"溢出效应"(指一个组织在进行某项活动时,不仅会产生预期的效果,而且会产生额外的效果,这效果是活动的主体得不到的收益)等可以一言蔽之。但有些经济学术语,如衡量两极分化的基尼系数,衡量是否迈进小康的恩格尔系数等,就需要几句或几段文字才能解释清楚。本书的阅读可以通过两种方式切入:第一种是通过目录查找读者所需要的词条;第二种是通过本书后面的索引查阅相关内容。当然,读者若能从头至尾通读更是本书作者所希望的,这样可以大致看到市场经济的全貌,同时也能掌握一些经济学的基本概念。

经济学本身内容繁杂、词条浩瀚、学派林立,绝非一本书所能涵盖。经济学家们都在为真理画像,每个人都画对了一点或一些。他们的学说更像衣橱里的成衣,不同季节要选择不同的应季时装,不同时期要听听不同学派的观点。政府和民众对他们中任何人的主张都不好从一而终、偏听偏信,那样只能害了自己。说好话的经济学家其言论顺耳,挑毛病的经济学家其言论逆耳,然而"良药苦口利于病,忠言逆耳利于行"。更何况政府的许多宏观决策需要高瞻远瞩,有指导性、有前瞻性,才不致随波逐流,遇到问题手足无措。经济上的许多宏观调控手段也需要逆周期而运行,才能避免产生过激的后果。

在此由衷地感激孙庆彬先生、何哲先生对书中混合所有制内容以及相关内容的贡献。还要特别感谢各领域的专家学者对本书的关注，特别是在他们各自的领域提出了许多专业性的指导和建议。当然，任何一本书都难免挂一漏万，难免有学术上的不同意见，若出现问题，责在作者。对读者们的批评与建议，我们表示衷心的欢迎和感谢。

章晓洪　冯　清
2021 年 3 月于北京

Contents 目录

2020 年 10 月，党的十九届五中全会审议通过了《中共中央关于制定国民经济和社会发展第十四个五年规划和二〇三五年远景目标的建议》。2020 年 10 月 14 日，习近平总书记在深圳经济特区建立 40 周年庆祝大会上的讲话，就未来的深化改革特别提出了"着眼于建设更高水平的社会主义市场经济体制需要，多策划战略战役性改革"，以及"完善要素市场化配置体制机制"等一系列要求。① 这是总书记对 2020 年 5 月 11 日印发的《中共中央国务院关于新时代加快完善社会主义市场经济体制的意见》的更具体的部署。自 1993 年 11 月 14 日召开党的十四届三中全会审议并通过了《中共中央关于建立社会主义市场经济体制若干问题的决定》以来，"着眼于建设更高水平的社会主义市场经济体制"是首次提出，代表了以习近平同志为核心的党中央对于市场经济运行方式的肯定。同时也为市场经济未来的改革和发展提出了更高的要求。什么是市场经济？市场经济包括哪些具体的要素和特征？它有哪些客观规律在制定政策时应当尊重和遵守，才不致破坏其内在机制发挥作用。这些正是本书试图揭示和展开论述的。

---

① 习近平：《在深圳经济特区建立 40 周年庆祝大会上的讲话》，中国政府网，http：//www. gov. cn/xinwen/2020 – 10/14/content_5551299. htm。

1.

什么是市场经济?

市场经济（market economy）是利用人类竞争的天然动机和每一个个体的最优对策而形成的经济运行模式。市场经济将人类的生产要素和自然界的资源要素，通过市场竞价进行配置整合在一起，加工成最终商品或财富，然后又通过市场竞价，转移到普通消费者和政府消费者这两个最终消费者手中的整个流程。典型的市场经济和经济活动可以用一个"经济运行流程图"来描述（见图1）。

图1表明了市场经济有三个能动的市场成分，即个人、企业和政府。其中，企业和企业家是生产要素的代表，在要素市场中扮演了关键的角色，他们把土地、劳动者和资本组织起来，实现生产加工环节中各要素的最佳配置。企业家的个人素质和魅力，通常决定了一个企业的兴衰，他们必须具备企业家的眼光、精神。政府在市场成分中也扮演了关键的角色，政府的财政支出就是消费，因此它们既是市场产品的消费者，同时

也是市场经济的仲裁者。他们手握行政资源,对所有生产要素及配置必须一视同仁和公正不阿,而且不能直接参与经济活动,否则会有失公允。

典型的市场模式:

```
生产要素                          个体及组织消费者
(土地、劳动者、       市场   商品   市场   (用于消费、投资)
资本、企业、技术)           (财富)
                                          政府
资源要素                                (用于消费、干预
(石油、天然气、                           经济)
木材、矿石等)
    生产加工环节                      流通消费环节
```

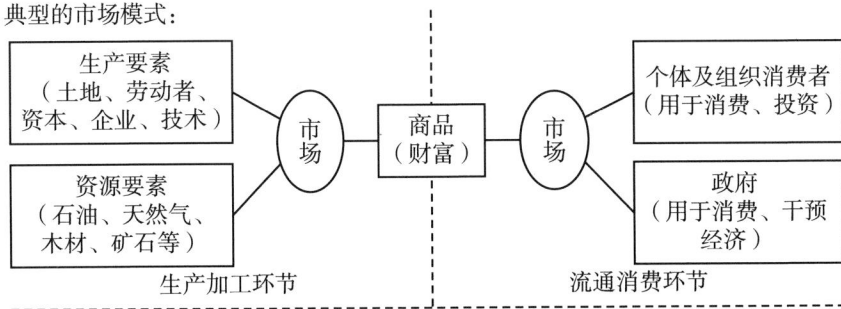

图1　市场模式的市场成分和要素

　　与市场经济对立的是计划经济。计划经济是一种理想,最终目的是要实现共产主义的各尽所能、各取所需。计划经济"迷信"计划,突出计划部门的权威。计划经济不需要企业家,也不信任企业家。计划经济所需要的是上级为企业配备的干部。这些人有的是"万金油",什么都会、什么都懂,他们通常不对企业的盈利负责,只需要完成计划,只对上级的考核指标负责。

　　计划经济的计划模式与市场经济的市场模式一样,也是生产和流通两个环节,以及生产要素、自然资源、消费者和政府四个成分(见图2)。可以反复强调的是,不论是市场经济还是计划经济,人类的经济活动就是通过组织生产要素,对资源

进行开发利用，使其变成财富，然后提供给个人和政府消费。政治有许多议题，其中就包括讨论如何将这些内容进行优化组合，以便有效合理地开发资源，公平合理地分配财富。

典型的计划模式：

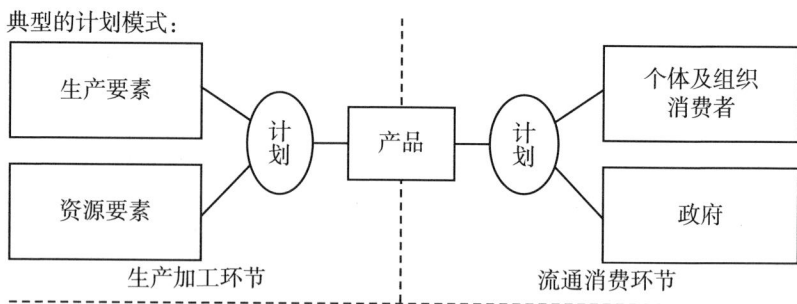

图 2 计划模式的市场成分和要素

在生产要素中的劳动者可以是工、农、商、学、兵，也可以是知识分子或其他。在这里，他们是打工者、无产者。他们只拿工资，不承担投资失败的风险，只有资本家承担投资风险。因此，邓小平指出知识分子是工人阶级的一部分①，是有理论支撑的，他们都是生产要素中的劳动者。

市场经济最为精练的定义是：市场经济是通过市场对稀缺资源进行配置（the allocation of scarce resources）的方式。市场经济除了要求资源配置的方式遵守供求定律的法则外，它还有一套失业、破产的淘汰和退出机制，即对于劳动者个人及企

———————

① 邓小平：《在全国科学大会开幕式上的讲话》，载于《人民日报》1978 年 3 月 18 日。

业都有强烈的、负向的惩戒机制。市场机制（market mechanism）强调自由交换和自由竞争。实际上是指在没有垄断和政府控制的条件下，由供求规律所支配的价格机制，以及企业优胜劣汰、随时可能破产的风险机制。

市场不是万能的。强调纯粹的市场机制，是自由市场经济，它导致了 1929 年全球的经济萧条。相反，政府的不当干预和控制，势必会削弱市场机制，会牺牲市场经济的效率，如 1935 年后的凯恩斯主义，导致了全球的通货膨胀。因此，如何约束政府的不当干预行为，已成为当今各国经济理论界争论的主要焦点。

2.

市场经济的能与不能？

市场经济能够创造经济奇迹。不论哪种政权，只要采用市场经济，其经济就可以从废墟中迅速复苏，物质就会像变魔术一样琳琅满目。第二次世界大战后，联邦德国和日本都是满目疮痍、物价暴涨、供应奇缺、瓦砾成山。美国政府推出了马歇尔计划和道奇计划，分别帮助它们进行战后重建，美国实际上并没出太多的钱，而是通过逐步建立完全自由竞争的市场经济模式，帮助它们走出困境。二战时期，这两个国家基本执行的都是带有计划经济特征的、为军国主义服务的"战时管制经济体制"。

虽然联邦德国与日本仍然保留了战前作为世界强国所储备的科技水准和人才，但是如果没有联邦德国 1948 年的"艾哈德改革计划"和 1949 年日本的"道奇计划"作为基础，也不会出现几年后联邦德国的"艾哈德奇迹"① 和日本的"神武景气"②。艾哈德（Erhard）和道奇（Dodge）本人都是经济奇才，他们各自制订了一套适应本国市场经济新秩序的方案。用今天的话来说，这两个方案就是他们当时的"顶层设计"，即以经济建设为中心，建立和完善市场经济。

中国的顶层设计，也应围绕重建市场经济这一核心展开。在坚持市场经济的原则下，应当采取自上而下的规划指导与自下而上的试点总结相结合的方式，发现苗头不对就修正方向，进行微调，才能走出有中国特色的道路。

中国改革开放四十多年的成就令世界瞩目。改革开放说到底，就是引入了以市场经济为改革取向的经济体制，逐步淡化了计划经济。市场经济像变魔术一样，隔几个月就焕然一新。人民生活水平虽然差异在拉大，但普遍还是提高了。尽管有人保留着"不患寡而患不均"的传统意识，但绝大多数人是不希望再回到计划经济老路上的。

市场经济能够创造财富和奇迹，但是市场经济却不能合理地分配财富。作为政府一定要坚持走共同富裕、反对两极分化的道路，走共同富裕的道路就是坚持社会主义。中国的改革开放是必然的，但何时引入市场经济却是偶然的，如果当初确立

---

① 第二次世界大战结束以后，德国几乎被炸成了一片焦土。1948 年，在当时负责经济事务的艾哈德主持下进行的货币改革和有关政策的实施，使联邦德国经过短短几年就从战后的绝境中恢复过来。这在西方被称为"艾哈德奇迹"。

② 1955～1957 年，日本出现了第一次经济发展高潮。日本人把这个神话般的繁荣，称为"神武景气"。

的不是社会主义市场经济，而是计划与市场相结合，那么中国还要走很长的弯路，社会上的物质供应绝不会像今天这样极大丰富。当然，中国目前的市场经济体系还有待完善和深化改革的方面。市场经济并不是万能的，有的它能干，有的它不能干。

自由竞争的市场经济可以迅速地恢复经济，而这要归功于亚当·斯密（Adam Smith）所描述的那只"看不见的手"在发挥作用。每个人都为了自己的私利而努力，最终实现了社会效益的最大化。亚当·斯密的这个命题，看起来理由并不充分，但是它的正确性却被各国的实践不断地证实着。

自由竞争的市场经济之不能，是其在理论上虽然可以调整供给，自发地抑制通货膨胀，但它却不能自发地实现充分就业（这个结论是凯恩斯的经济学贡献），不能防止垄断，不能照顾公共利益。因此，各国政府都是通过税收来建设大型公共工程，如修路以及修建博物馆、图书馆、公园等公共设施。在中国，市场经济尤其不能自觉地保护生态环境和食品安全。要想解决以上主要问题，就必须要借助政府有限及有效的宏观调控这只"看得见的手"，从而建立一个"干预的市场经济新秩序"。之后，政府只需抓好反垄断、保就业、重公共和公益、守环境保护和食品安全等几件大事，政府的总体工作就能够深得民心。只要政府在市场经济中摆好位置，专心运用好宏观调控的工具去干预，而不是干涉经济，去维持好公平的竞争秩序，中国的市场经济自己就能够再创奇迹、再创辉煌。

3.

什么是社会主义市场经济？

社会主义市场经济的大众解释是，在社会主义条件下建立起来的市场经济模式。社会主义一词曾经在西欧广为流传。它的初衷是提高劳动者的福利和社会保障，但允许财产的不平等差别存在。1516 年英国人莫尔（More）把社会主义总结成乌托邦，开创了空想社会主义。社会主义按照马克思主义理论，是要通过无产阶级专政消灭一切阶级差别，以及由其衍生出的不平等的生产关系和社会关系。社会主义阶段是向共产主义过渡的中间阶段。

中国的社会主义市场经济特征是有大量的国有企业，管理不好，它们是包袱，管理好了，它们是财富，而且是巨大的社会公共财富。它们创造的财富不属于它们自己，也不属于上级机关，而属于每个国民。它们创造的财富应当进入社保基金和医保基金，全民共享，才能真正体现社会主义的优越性。

中国目前所处的是社会主义初级阶段，在这一历史时期，推行的市场经济不可能如同西方经济理论家想象的那样完善，因此它在一些西方经济学家的眼里，是不完全或待完善的市场经济。市场经济不是荣誉证书，不需要别人授予。当然市场经济也不是自封的，它有一些游戏规则需要大家共同遵守。

市场经济说到底，应该没有社会主义或资本主义的政治标签。市场经济具备一套完善的内在运行规律，如最基本的供求定律，作为参与者的个人、企业与政府都必须遵守规矩，不能破坏其内在机制。市场经济如同汽车的发动机，可以为资本主义制度服务，也可以为社会主义制度服务。

经济学对于社会主义和资本主义没有定义上的分别。经济学家们看重的是政府对经济发展中的"公平"和"效率"会如何兼顾。市场经济主张用鼓励竞争来刺激效率，用税收和转移支付来照顾公平。

公平与效率永远都是政府的两项职责，同时它们也是评判一种社会制度是否优越的考核标准。古今中外，概莫能外。市场经济产生效率，但不产生公平。过度地强调公平，反而会牺牲一定的效率。社会主义强调公平，资本主义看重效率。就经济诉求而言，西方的选举人通常会在不同时期，根据自己对公平或者对效率的不同诉求来投票选择未来的执政党，去组阁政府。如在美国，民众常常是为了偏向公平会去选择民主党，为了偏向效率会去选择共和党。中国人民选择共产党，因为共产党代表多数人的利益，能够很好地把握公平与效率的尺度。

1993 年党的十四届三中全会审议通过《中共中央关于建立

社会主义市场经济体制若干问题的决定》，其中明确指出"效率优先，兼顾公平"。[①] 在 2005 年的十六届五中全会的公告上，将提法改为"更加注重社会公平"。[②] 这一天平的倾斜，反映了党在不同时期主张的细微变化。

① 《中共中央关于建立社会主义市场经济体制若干问题的决定》，人民网，http：//www. people. com. cn/item/20years/newfiles/b1080. html。
② 《中国共产党第十六届中央委员会第五次全体会议公报》，中国政府网，http：//www. gov. cn/jrzg/2005 - 10/11/content_76191. htm。

4.

什么是中国特色社会主义市场经济？

　　邓小平同志是中国社会主义改革开放和现代化建设的总设计师，中国特色社会主义道路的开创者，邓小平理论的主要创立者。首先，邓小平强调坚持四项基本原则，而四项基本原则的核心是坚持党的领导。其次，他提出共同富裕，并主张让一部分人先富起来。让一部分人先富起来，是"帕累托最优（或称帕累托最佳）"。所谓"帕累托最优"就是多数人的生活没有恶化，而少部分人率先富起来了。"帕累托最优"是资本主义不反对的口号，但"共同富裕"是典型的社会主义诉求。另外，邓小平提出既要反"左"，又要防"右"。同时，他果断地提出不搞意识形态争论，不要干扰经济建设的中心任务。

　　因此，我们可以认定，邓小平首肯的社会主义市场经济有三个鲜明的特征：①坚持四项基本原则，就是坚持以共产党的领导为核心。②坚持以共同富裕为目标，让一部分人先富起来。③坚持以意识形态不搞争论为前提，专心发展经济。相对而言，传统计划经济的三个特征为：①以国有制为主体。②以计划经济为主导。③以按劳分配为原则。邓小平作为一个伟大的思想家、政治家，把中国的经济体制拉上了正确的发展轨道，摆脱了苏联传统意识形态对经济发展的拖累。邓小平提出的具有中国特色的社会主义其实质就是坚持共产党的领导，坚持全社会公平与效率的兼顾。邓小平反对说市场经济就是资本主义。他精辟地指出，社会主义也有市场经济，资本主义也有计划控制。

中国特色社会主义是邓小平首先提出的，"党的领导"① "共同富裕"② 以及 "不争论"③ 是邓小平当时认为的中国特色。这一特色经党的十九届五中全会的决议充实了更多内容，构成了习近平新时代中国特色社会主义思想的主要特征。

习近平新时代中国特色社会主义思想，内涵丰富，博大精深。其中，新发展理念是习近平新时代中国特色社会主义经济思想的主要内容，回答了关于发展的一系列理论和实践问题。共同富裕和绿色发展两大主题，就是市场经济健康发展的必然选择，是全面建成小康社会的题中应有之义。具体体现在"脱

---

① 《邓小平年谱（1975—1997）》（下），中央文献出版社 2004 年版，第 1363 页。

②③ 《在武昌、深圳、珠海、上海等地的谈话要点》，载于《邓小平文选》第三卷，人民出版社 1993 年版，第 373 页。

贫攻坚战"及"绿水青山就是金山银山"等一系列乡村振兴、生态环保战役中。在脱贫攻坚战中，政府注意改变以往只是"输血"和开展形象工程的表面做法，通过一对一的帮扶，利用互联网信息的沟通及地域的比较优势，引导贫困农民因地制宜，提高"造血"功能，逐步走向乡村振兴的道路。在"绿水青山"的环保战役中，探索出政府主导、企业和社会各界参与、市场化运作、可持续的生态产品价值实现路径。同时颁布新的法令和政府条例限制在农药及饲料等源头添加有害添加剂，以此提高了全国的环保标准。

这些做法在实施中，同时发挥了市场"看不见的手"和政府"看得见的手"的两个积极性。之后利用市场经济产生的效益，可以巩固脱贫和环保的积极成果。这就是习近平新时代中国特色社会主义在市场经济中的重要体现。在人类的经济活动中，只有市场经济才能够真正调动民众和政府两个积极性。在计划经济中，虽然政策的改变可以调动中央和地方的积极性，承包也可以部分地调动民众的积极性，但是绝对不会产生过去40多年天翻地覆的变化。

5.

什么是生产要素？

生产要素（factors of production）最早只有三个内容，即亚当·斯密和卡尔·马克思（Karl Max）等人不断重复的土地、劳动力和资本。直到1890年英国经济学家马歇尔（Alfred Marshall）才在其出版的《经济学原理》一书中增添了第四个要素，即组织（organization），其实就是由企业家代表的企业组织。马歇尔认为资本大部分是由知识和组织构成的。这些组织有私有的，也有非私有的。马歇尔的组织除了各类型企业外，甚至还包括国家的组织。马歇尔指出，"有时把组织分别开来算作一个独立的生产要素，似乎最为妥当"。从那以后生产要素就具备了第四个要素成员，即组织。我们知道，土地、劳动力和资本彼此不具备吸引力，需要组织凝聚起来形成合力，才能创造财富。这个组织者主要还是企业，它们担负着社会财富的创造，特别是当企业站出来整合完土地、劳动力以及资本等生产要素之后，出色的企业家由于其独特的管理效率扮演着灵魂的角色。这时的企业在政府眼里更多的是交税者角色。因此也有学者认为，生产三要素加上管理效率等于企业。一个优秀的企业家可以挽救一个企业，把它带到巅峰。一个蹩脚的企业家也可以把优秀的企业拖到山谷。所谓企业文化、企业家精神的说法都是在激励好的企业家不断创造辉煌。

马歇尔对经济学的另一个贡献是提出了效用（utility）的概念。他认为"人类所生产和消费的只是效用，而非物质本身"。[①] 效用这个概念很重要，经济学中经常会遇到。的确，人类消费的，不论是衣、食、住、行等有具体形态的物质，还是欣赏音乐会或观看球赛等无物质形态的精神享受和刺激，或者上网游戏聊天寻求虚拟世界的交往和慰藉，他们消费掉的都只是效用，而非物质本身。消费者花钱买到了生理上或心理上的满足。归根结底，效用是消费者肯花钱购买的商品体验。过去认为有形的物质，如柴、米、油、盐、酱、醋、茶和肉类才是生活必需品，进入信息化时代后，互联网和信息已经成为人们不可或缺的生活必需品，它的效用更大，人们更愿意在信息消费上花钱。

至此，以上四项内容构成了生产要素。其中，劳动者得到工资，土地主得到房租或地租，资本的提供方和配合方（如银行、保险公司）得到红利和利息，企业（企业家）得到期权和配股。政府从各生产要素方的收入中"抽成"，即得到税收，

---

① 马歇尔：《经济学原理》，商务印书馆 2018 年版，第 76 页。

就这是政府的财政收入。所有要素的参与者均拿到了回报。

生产要素有经济学意义上的定义，也有行政部门为推动经济工作的定义。经济学意义上的生产要素，是理论界可以讨论、分析、补充和争议的经济学概念，它们涉猎得更宏观，描述了人类文明进入工业化时代之后是如何协作共同创造财富的。如马歇尔所说，"在某种意义上，生产要素只有两个，就是自然与人类。资本与组织是人类在自然的帮助下，在人类预测将来的能力和甘愿为将来做准备的心理指导下，进行工作的结果"。[①] 马歇尔的这种理解更宏观，提出了企业承担组织功能的必要性。可惜那时还没有完善的工商注册制度，没有强调企业的领军地位。

中共中央、国务院于 2020 年 4 月 9 日发布了《关于构建更完善的要素市场化配置体制机制的意见》，其中明确的生产要素有：土地、劳动力、资本、技术和数据。其中，对土地要求增强土地管理的灵活性，对劳动力要求合理畅通有序流动，对资本要求完善多层次的资本市场制度，对技术要求激发技术供给活力促进科技成果转化，对数据要求加快培育数据要素市场。党中央、国务院定义的生产要素，是未来一段时期全国上下必须要统一认识、坚决推行的共同"语言"。这些生产要素是各级政府今后加强管理和努力挖掘的具体目标。政府对于生产要素的界定是出于工作考虑，更加偏重宏观调控的市场中的

---

① 马歇尔：《经济学原理》，商务印书馆 2018 年版，第 170 页。

具体元素，它们并不是经济理论界的学术结论。对于生产要素的内容和含义，特别是对于企业应当单独列为生产要素，仍然可以展开学术性的探讨。

生产要素，除了前面提到的亚当·斯密和马克思的三要素以及马歇尔的四要素外，20 世纪末比尔·盖茨（Bill Gates）等科学家通过技术入股，使知识产权也加入生产要素的行列中参与了利润分配，并获得了巨大财富，于是有人把技术这个新的生产要素参与分配收益的经济形态称为"知识经济"或"新经济"。这与党中央此次提到的技术为生产要素的设想是一致的。技术的发明和更新带来了人类社会的科技进步，受到各国政府的鼓励和保护，其知识产权所代表的专利收益，可以享受政府 7～15 年不等的免税优惠。比尔·盖茨的暴富神话，引发了美国在计算机和网络应用方面的你追我赶。新技术、新工艺、新理念、新专利层出不穷，同时也触发了美国政府对其他各国的克隆、山寨或非法复制等侵犯工业知识产权（industrial property）行为的穷追猛打。本来这些技术的发明人想依靠技术使用权费和专利费等，在产业链的高端轻松地分享收益，他们把低附加值的技术产品拿到低成本的国外去生产，然而没想到克隆和山寨产品不但不付费，而且还卖出了"白菜价"。

人类进入信息化时代后，特别是互联网的出现，使人们生产、消费和生财的理念有了革命性的转变。以互联网为依托的虚拟经济在流通领域的增长速率，远远超过了实体经济在生产领域的增长速率。传统的经济学若不与时俱进就会落伍，就不能解释变幻莫测的"22经济现象"。由于互联网是信息的互联互通，是信息化的产物，信息才是根本，而信息可以转换成以"0"与"1"为代表的二进制数字字节来表达、传输、存储、处理等，因此我们把数据作为生产要素之一，在理论上也是有据可依的。数字经济不是虚拟经济，它是未来经济的新形态。

现在关于土地、劳动力、资本、技术、数据作为生产要素已经没有争议。存在争议的就是马歇尔提出的组织（企业）应当不应当也列在中国政府发布的生产要素意见书中？我们理解，企业之所以没有被列入生产要素，在于许多人认为企业是整合要素，它本身不能算生产要素。那么企业在市场经济模式中的位置是什么？不把企业（企业家）单独作为主生产要素，其他作为子要素，整个生产要素的解释就明显缺项。否则就得把企业与全体要素并列。企业是最大的、同时也是最重要的生产要素。企业在当今世界的实操中，常常与其他要素一起通过兼并收购（M&A）同时被整合。因此，我们认为企业连同企业家，应当在未来的中央文件中名正言顺地增补为生产要素。

许多中外人士认为，在中国，"关系"也是生产要素，而且是最重要的要素。其实，这只是一种对官商结合不满的戏谑之词，在经济学上站不住脚，在正常的市场经济国家，利用"关系"发财是丑闻和腐败。在中国的确是有"关系"的人能掌握稀缺资源，或能掌握稀缺资源的分配权。中国文化天然地讲究"情、理、法"。情字当先，以情为重。在查处的腐败案件中，官员们首先在亲情中寻找关系或"白手套"，来分配资源。面对仅凭亲情还不足维系的复杂局面，有的官员或亲属们要求合伙人签个协议或找人代持，希望在讲情不成的情况下彼此能"讲理"。理再讲不通了，才会诉诸法律。所以公众认为，所有官员或家属的"代持"都涉嫌贪腐。曾几何时，"关系"变成了提升和寻租的手段。本来没有"关系"，也应当顺理成章的事情，会被人为地设置门槛和障碍，甚至会被"拖黄"。老百姓对此都深恶痛绝。的确在中国，"关系"有时不仅能决定仕途的升迁，同时也能决定生意的成败。"关系"参加分红和"套现"就是贪腐。长期以来，在东南亚国家权钱交易是家常便饭。它实质上是一种权贵资本主义（crony capitalism）的体现。在规范的市场经济制度中，权钱交易并不常见。

在西方社会，总统可以在法律规定的范围内接受私人的政治献金，议会可以在法律规定的范围内接受私人的院外活动经费，唯独政府官员不可以与任何私人业主、民间企业有公开的来往。为了防止权钱交易，法律不允许官员以任何冠冕堂皇的理由，为私人企业主站台、说话或批示。因为政府官员掌握了行政资源，代表公共利益。他们与个别私人企业主的公开往来，本身就是一种暗示和背书，不仅影响了公平竞争，而且有买卖远期人情债的嫌疑。一旦此类丑闻被媒体揭露，官员会立刻遭到公开的弹劾并下台。

生产要素的整合，需要通过市场化的谈判和出价，价高者得。要素必须有流通的自由，才有双向选择的可能。这样的配置才公平合理，才具有效率，才能保证每一方的价值被充分估计，其效用被充分利用。所有生产要素最终都要参与收入分配。由于在整个生产环节中，土地的租金和劳动者（包括职业经理人）的工资可以按月保证，而代表投资方的企业家的资本收益，通常要等产品走完了生产和流通两个环节后，才能套现。资本在此承担了巨大的风险。高风险要求高收益、高回报，以及高等级的话语权和决策权，因此有人称此种要素市场配置中，资本说了算的方式为资本主义。

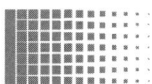

6.

什么是稀缺资源及配置？

资源配置发生在生产环节，牵扯到自然资源市场和生产要素市场两个方面。配置的合理方式就是价格，以及由价格支配的供求定律。

自然资源有稀缺与不稀缺之分。以前清新的空气、干净的水和没有污染的土壤都不是稀缺资源，它们触目皆是，不值钱，只有处于城市中心地段的土地、水中的矿泉水、矿石中的稀有金属、木材中的珍稀物种才是稀缺资源，而如今干净的水和空气都变得稀缺了。

生产要素也同样有稀缺与不稀缺之分。特殊技能的人才、关键岗位的权力，也都是另类的稀缺资源。他们在市场中有特殊的交易价值。

政府的权力本不属于生产要素，但是在计划经济向市场经济转轨的中国，政府权力衍生出的关系网，成为一个带引号的要素，而且至关重要。若法制不严，权力会自发地倾向寻租

（rent-seeking），必然会破坏正常的资源配置。长此以往，上行下效，不是权力部门的单位，也会派人立个牌或戴个箍，收"过路费"或"保护费"，那么要素市场的生产成本，就会无限放大，投资环境会急剧恶化。

严格地讲，参与配置的资源，主要指从事生产的要素资源和被生产加工的自然资源，而且还得稀缺和抢手。在市场经济模式中，资源配置是完全的市场行为，政府不能以任何理由进行干预或预设门槛。干预会导致配置错位及资源浪费。资源配置的最佳方式就是通过货比三家和招投标。例如，在市场经济模式中，最好的钢材是配置给军火企业，还是配置给民用企业，完全取决于价格，政府不得下指令干预配置。这是市场经济的金科玉律。企业如果能生产出高附加值，同时能够卖出好价钱的产品，又肯出高价格，就能获得稀缺资源。总之，在市场经济体制中，资源配置一般只存在于生产加工环节，在流通消费环节中不存在。稀缺资源供不应求，常常是卖方市场。换句话说，只有卖方市场才存在资源的配置。其主要争夺对象是处于生产环节的生产要素，如企业，而不是处于流通环节的普通消费者和政府。在流通环节，由于生产企业竞争激烈，供过于求，常常是买方市场，有钱不愁买不到商品。这时商品不是稀缺资源，也不存在配置问题。

然而在计划经济模式下，不论是在生产加工环节还是在流通消费环节，似乎都同样存在"资源配置"或分配的问题。由于原材料短缺、产出品短缺，这些东西都变成了资源和物资，由各级的计委、物资部等部门按计划进行调配。光有钱是买不到货的。参与配置的生产要素和消费者及政府也均分三六九等。企业带"中"字号或带"国"字号的，或人数上万的大型、超大型国企，本身就是身份和级别的象征。消费者和政府也论行政级别购买蛋、奶、茶、烟、酒等产品。此外，看病、住院、拿药等服务也全凭级别。高级别能够天然地配置到好资源，没有级别的往后排。

当时作为生产要素的企业在民众心中也分等级。企业有国企、集体和个体户（现在叫国企、民企和个体工商户）。国企优越于集体，集体优越于个体。老百姓找对象先挑好的，银行配资金的条件也是如此。这种在企业、学校、事业单位分级别的做法如果延续下去，很难改革。另外，加上当时的计划经济在原材料、中级产品及最终产品都有计划内的配额和价格与计划外的配额和价格之分别，因此批文成了最稀缺的资源。若拿到计划内的批文，一倒手就能发大财。倒卖批文是中国最原生态的腐败，也是"双轨制"改革饱受诟病的原因。

计划经济天生就是短缺经济。即便是老百姓的日常消费品，都要经过"计划"之手按级别，凭本、凭票、凭特供、凭批条定量供应。由于产品短缺，好产品更稀缺，更需要按照行政级别来分配。从严格意义上说，在计划经济体制内，产品是按计划被分配的产品，不是随性可以买卖的商品。在市场经济体制内，商品与产品没有本质的分别。

由于"文革"中，商品具有资产阶级法权的含义，因此中国从计划经济走到市场经济的坎途中，在学术理论上经历了一段先承认商品，后来否定商品的挣扎过程。那是在 20 世纪 80 年代，曾经有"建立社会主义商品经济新秩序"的进步提法，后因顽固派死咬"商品具有资本主义属性"，导致这一提法无疾而终。产品和商品分别被计划经济附加了政治含义，成了政治经济学的术语。

不论理论界对产出品的定义是商品还是产品，不论他们之间存在多少争议，中国经济改革的雏形正是从商品的流通消费环节实现突破的。改革初期社会上流传有"黑市""倒爷"和"二道贩子"等专有名词，记述了这段历史。当然今天已经不复存在了。这种在流通领域的市场化改革取向是自发形成的。从 1978 年知识青年陆续返城开始，许多人找不到工作，走投无路，故铤而走险，后因倒买倒卖成为"万元户"，虽无好名但发了小财。他们是经济改革的探索者和受益者。

中国真正的市场经济改革源自 1993 年中共中央有关建立社会主义市场经济体制的决定。虽然至今尚未完成，但是从此以后市场经济名正言顺，不用再"偷偷摸摸"。这是中国历史上最伟大的创举，产生了一系列令人不可思议的奇迹。大多数中国人都从市场经济中尝到甜头，生活水平有了翻天覆地的变化，中国一跃成为世界第二大经济体。扣除通货膨胀的因素不考虑，普通老百姓的生活水平有数十倍的改善。

然而市场经济的极速发展也带来一些问题，突出的就是两极分化过于严重。若流通消费环节的"倒爷"能产生万元户，那么生产加工环节通过要素资源整合和不良资产处置，就成就了不少亿元、十亿元、甚至百亿元、千亿元户的"掮客"。他们钻了市场经济法治不完善的空子，依靠权钱交易，实实在在地发了大财，成为名副其实的"寡头"。这些改革的真正受益者大多身上都背有"原罪"。本着富贵险中求的理念，他们铆足了劲，不计代价，就是要瓜分资源配置这块"蛋糕"。众所周知，在流通环节靠倒买倒卖只能发小财，而在生产环节靠资源整合才可以发大财，他们靠的除了知识和布局，最主要还是依靠"关系"官商结合，打通所有隘口，拿到各级政府的批文，使得交易合法化。

7.
什么是人力、人才、人物及刘易斯拐点？

在市场经济中，所有生产要素及资源都是经过市场的自由选择而结合的，此种结合方式就是资源配置。生产要素中的劳动者可以分为蓝领、白领、金领。蓝领一般指工人、农民工（民工），他们是体力劳动者，属于人力资源，有不同的技能。白领一般指公司雇员，坐办公室的，他们是脑力劳动者，属于人才资源，有不同的专业。金领一般指公司的中、高级管理层，属于人物，有不同的级别和使命。不论人力、人才还是人物，只要他们不是大的出资方股东，他们就是雇员，就是生产要素中的普通劳动者，靠工资收入和绩效奖励生活。

刘易斯拐点，是指劳动力从过剩走向短缺的转折点。刘易斯拐点表示城乡一体化后提高了劳动力成本，农村出现了劳动力的人口"瓶颈"。由于民工的工资水平提高，造成了人口红利的消失。在城乡二元化的结构中出现了民工荒，尤其是高技能人力的用工荒。

在资源配置的双向选择中，劳动者通常有三个共同的诉求：一是工资收入和福利；二是工作环境和团队；三是未来发展的空间和稳定性。公司对劳动者的选择，除了要求无犯罪记录、人品和道德操守无劣迹外，通常还有三个共同的标准：一是责任心；二是工作能力；三是团队精神。

凡拿工资的都是劳动者。他们的社会分工可以不同，在人格上没有贵贱之分，都应当受到起码的人格尊重。其配置的方式是经过双方平等的双向选择，按照市场价格最终签约。劳动者从劳动合同约定中可以看到社会能承认的其自身价值和价格，盘算与以往的投资和努力付出是否等值，思考今后怎么做出更多的贡献以及索取更多的回报，包括解职的风险等。这些顾虑都是人之常情。

人力通常指那些各自为战，做好本职工作的人群；人才除了做好本职工作，还需要一定的协调和领导能力；人物为数不多，他们必须具备战略眼光，具备可以通过自身改变一个领域、行业或全局的超群的领袖才能。人类的才能，有的是与生俱来的，有的需要激励方能彰显。

对于人才、人物来讲，一个人真正的能力是 4∶3∶3。40%取决于学历，30%取决于表达和交往能力，另外30%取决于组织和协调能力。

工资、绩效奖励、休假条件、离职规定等也都是各单位对不同劳动者进行资源配置的筹码和激励。每个人在市场经济中都有其价格和价值，这个价格与贡献相关。在中国由于"大锅饭"吃惯了，有众多人抱怨自己的工资低、待遇差，但是很少有人问问自己创造了什么？自己对单位、对社会的贡献究竟有多少？市场经济不养懒人。每个人为了完成更好的绩效，实现更高的自身价值，需要不断的培训。只拿钱不干事，多拿钱少干事，都是对别人的剥削。市场经济的工资起点可能与学位、学历相关，可能与介绍人的来头相关，但是若力不胜任，照样会被淘汰。市场经济不允许有旱涝保收的劳动合同制度，不允许有"铁饭碗"。中国的改革开放就是从打破"铁饭碗"吹响冲锋号的，绝对不应当允许其回潮。

在西方各国的教育体系中有相当大比例，大约占 60% 甚至 70% 的应届高中毕业生是以培养职业技能人才为主攻方向，各级政府对此都有很大的财政补贴去吸引此类人才进行培养。高级技能工人的社会地位很高，他们的工资也常常高于工程师。一些国家还要求他们必须是本国的国民。高职教育毕业生也是社会精英。如果让高校毕业生去做程序员，对于社会、对于他本人的投资，都是一种浪费和失误。以学历学位定终身，强调本科以上，甚至研究生以上的就业资格，会造成社会教育资源和人力资源的大量浪费。人类本身就有生理差异，有的人天生适合读书，有的人则天生就善于动手。许多非科研单位动辄以有多少博士、多少硕士、多少本科毕业生作炫耀，纯粹是一种虚荣和浮夸，对于社会教育也是误导。一味地只强调高学历，不仅催生学历造假，而且造成结构扭曲，出现高学历人才就业难和高技能岗位招工难的两难局面。人力、人才和人物应当被配置到最合适的岗位上，才符合市场经济物尽其用、人尽其才的宗旨。

8.

什么是供求定律？

供求定律（law of supply and demand）

供求定律是市场经济的核心，是市场经济的内在机制，也是人类社会的客观规律。供求定律可以用来解释各种基本的市场现象，其重要性应反复强调。供求定律的表达，可以归纳为：价格是连接商品供给方与需求方的唯一纽带。价格必须是自由的，有自在的机制，即当商品供不应求时，价格上涨；供过于求时，价格下跌。受价格机制的影响，供求双方会根据价格信号采取截然不同的对策，并导致市场供应量与需求量的变化，其结果会使供求在新的价格基础上达到平衡。

由于价格在其中扮演了十分重要的角色，有人也称供求定律为价格规律或市场法则。供求定律不是竞争定律。竞争产生于买方之间或卖方之间，而不存在于买卖双方之间。然而由供求定律支配的市场活动，促使竞争激烈，价格降低，产品质量提高，资源得到合理的配置，人们的生活水平不断改善。

自由的价格反映了资源的相对稀缺性。弗里德曼（Friedmann）认为，价格在组织经济活动时，履行三种职能：首先是传递信息；其次是产生激励，使人们能够在使用现有资源时，以较少的成本取得最高的价值；最后，价格也决定收入的分配。当然，这种调节只有在市场建立和形成之后，各种机制和杠杆都配套存在的条件下才能真正有效。

供求规律可以从需求曲线与供给曲线，以及它们的结合上得到更形象的理解。

需求曲线（demand curve）

我们且不必理会"供给创造需求"这一命题是否正确，常识顽固地告诉我们，需求拓展市场，需求同时取决于市场的价格水平。价格高时需求量低，价格低时需求量高。比如当皮鞋的市场价格是 70 元一双时，你可能只买一双，若降到 15 元一双，你会毫不犹豫地买上四五双，换着穿。当你外出旅游时，若旅馆价格优惠，或许你会多住几天。这种价格与需求量之间的关系反映在图形上，会出现一条向下弯曲的曲线，高价格所处的坐标点对应的是低量的需求，而低价格所对应的点是高量的需求。这充分反映了需求方的购买心理。我们姑且不讨论商品是否具备刚性特征（即生活所迫必须得买），需求曲线揭示了一个现象：价格越低，需求量越大（见图 3）。

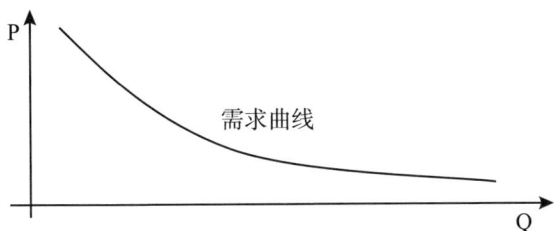

图3 需求曲线

注：P 表示价格（price），Q 表示数量（quantity），下同。

供给曲线（supply curve）

与需求曲线正好相反，供给曲线是一条向上的曲线。当市场价格高时，生产方有提高产量的积极性；格降低，生产方失去积极性，其供给量随之下降（见图4）。

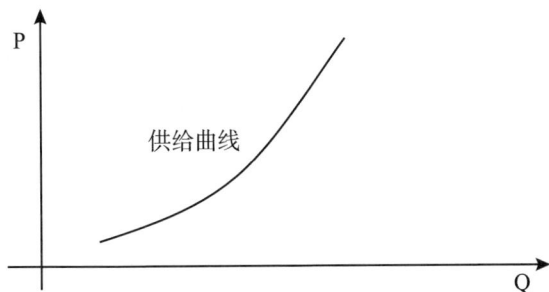

图4 供给曲线

需求弹性（elasticity of demand）

有些商品的需求对价格的增减反应并不敏感，如人们消费量不大又不易贮备的蔬菜、蛋禽，以及烟、酒、汽油等商品，是人们生活的必需品，因此它们价格的涨落对需求的影响不大。这类需求被定义为缺乏弹性的需求或需求弹性弱，其曲线偏陡。如图5所示，价格变化可以很大，而对应的需求数量变化却不很大；相反，有些商品的需求特别取决于价格，价格低一点，需求会猛增，如金银首饰、珠宝字画、高档艺术品等奢侈品。这类商品易于保值，其需求被定义为富有弹性的需求或需求弹性强，其曲线偏平坦。

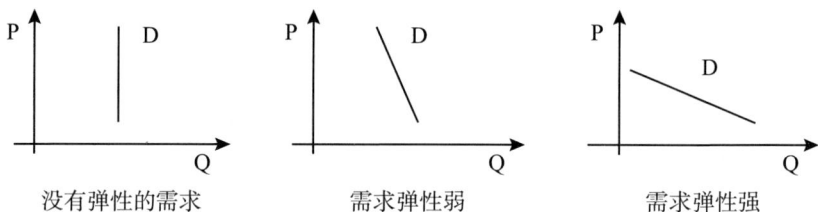

图5　需求弹性

有些常常被西方国家认为缺乏弹性的商品如粮食、食盐、火柴等，到了中国，由于人们预期涨价而贮备，变得富有弹性。当然这只是暂时的情况。

另外有些商品的需求弹性游离于强弱两者之间，时强时弱，不稳定。如水、电和煤气等基价，高于一定值时，需求弹性变得很弱，低于一定值时，又变得很强。人们节水、节电或耗水、耗电，常常取决于它们价格的高低。

供给弹性（elasticity of supply）

供给弹性与需求弹性相似，有强、弱之分。一般劳动密集型的产品供给弹性强，如农、牧、渔业等手工劳动，价格上涨一点，供给会增加很多；而资本密集型的产品供给弹性弱，如规模生产的大工业，产量受规模的限制，即使价格上涨很多，供给也难以很快满足需求。

研究某种商品的需求弹性对供给商制定价格很有帮助，特别是对于需求弹性较强的商品，有时降低一点价格其总收益非但不会减少，反而会有所提高。假若某种商品的需求弹性如图 6 所示，属于较强的，当价格从 P_2 降到 P_1 时，其总收益 $P_1Q_1 > P_2Q_2$，这时，厂商往往采取薄利多销的销售策略。

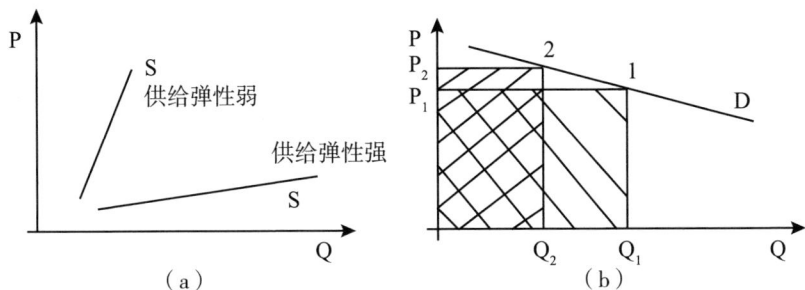

图6　商品的需求弹性

供求定律是客观规律。有时供给方与需求方对价格的敏感性，是主观的和非定量的。它类似中医，其生理反应来自本能的感觉，不是计算出来的，也不是实验室试验出来的。供求定理是供求双方在价格发生变化时，各自本能的逆向反应。投机和炒作会影响供求曲线的变化，但是那是暂时的，是有风险和代价的。随着供给量的增加，投机的行为会被抑制。政府的硬性干预也会影响供求曲线的变化。这种干预常常力度大，作用时间长，回调反应慢，人为因素多。如果政府的干预违背了供求定律，市场经济则名存实亡。

　　一般来说，在供求定律中有两个因素是必须完全自由的。一是价格，二是消费。如通过指令强制定价或者通过指标抑制消费，其向市场传导的信号就会扭曲，就会导致供给方和需求方的错误判断，就会导致市场秩序混乱。

9.

什么是均衡概念？

均衡概念（equilibrium）引自物理或机械学，表示两种不同方向的力在某点相交并在该点实现平衡。当人们把某种商品的供给曲线和需求曲线置于同一坐标系内时，也会出现均衡点。均衡点 e 相对应的价格表示供求双方都能接受的价格 Pe，与其相对应的数量 Qe 为双方都能接受的数量。若价格定在 Ph，高于均衡价格，虽然供给量会提高到 Qh，但需求量将会减少到 Ql。若以等幅水平把价格定在 Pl，低于均衡价格，需求量会提高到 Qh，而供给量将会减少到 Ql（见图 7）。这表示只有市场的自由竞争和选择才能使价格趋于合理。人为定价，定得过高，供给过剩，出现浪费；过低又会造成市场短缺，黑市猖獗，行业得不到发展。

将均衡的概念用于外贸进出口，可解释为：当国际市场价格低于国内价格时，应当组织进口以节约本国的生产资源；反之，当国际市场的价格高于国内价格时，应当组织出口，利用本国生产能力去创造外汇收入。当然这种分析纯属于理想化的分析，实际能否进出口不仅取决于价格，更应取决于价格以外的其他利益能否均衡。

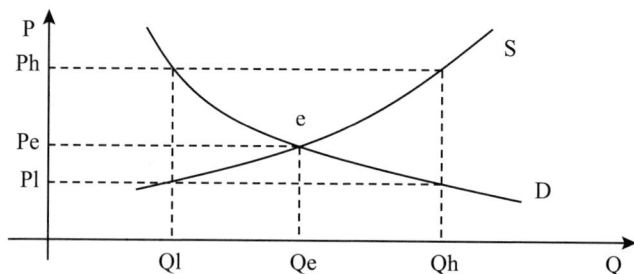

图7 均衡状态

注：e 表示均衡（equilibrium），h 表示高（high），l 表示低（low）。

影响均衡的因素很多，但主要来自供求双方由于价格变化而引起的数量上的变化。需求变化的原因常常是某种商品的替代品价格发生变化。如图8所示，当替代品价格降低时，原商品的需求量就会减少，原需求曲线 D_0 会向左移至 D_2。当替代品价格上涨时，原商品的需求量会增加，曲线右移至 D_1。供给变化的原因常常是某种商品的市场价格发生变化。当价格上涨时会有新的提供者参加市场竞争，整个供给量增加，原供给曲线 S_0 会移至 S_1。当价格降低时，有人会退出竞争造成供给减少，曲线会左移至 S_2。这些变化都会使原均衡点 E_0 变化到 E_1 或 E_2 的位置上。

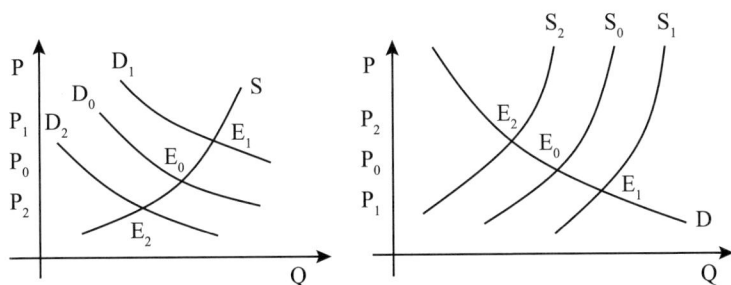

图8　需求曲线与供给曲线的移动

以上有关均衡的简单分析，不仅说明了价格是连接供求双方的唯一纽带，同时也是引起均衡发生变化的重要原因。更重要的在于，均衡的概念揭示了科技的进步使人们生活中的替代品不断丰富，这会促使商品价格下降，以及垄断破坏供给竞争会促使商品价格上升这样一些简明而重要的事实。

以上讲到的均衡是局部均衡，即针对一个或少数几个产品市场而言的均衡。法国经济学家瓦尔拉斯（Walras）的一般均衡则把三大市场，即产品市场、劳动力市场和资本市场联系在一起，指明了它们之间的相互作用，最终通过价格、工资、利率达到均衡。例如，当一种产品较其他产品更为短缺时，为扩大生产就会多招各类职工并增加投资，从而有可能略为抬高总的工资水平和利率，结果使其他行业迫于承受能力而减少职工和资本占用，这样又使商品市场达到新的均衡。瓦尔拉斯指出，这种三大市场相互关联的均衡，实现了更广泛意义上的资源配置的最优化。

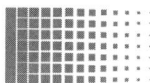

10.

什么是成本核算？

　　成本核算是微观经济学的基本功。供给曲线、需求曲线、均衡分析等理论都是基于成本核算展开的。成本包括固定成本和可变成本两个内容。固定成本（fixed cost），如厂房租金、机器折旧、管理人员的工资及费用（这部分亦称 over head）等。这类成本不随产量的变化而变化，总需要开支。另一内容被称为可变成本。可变成本（variable cost），如原材料、燃料、动力、网络服务费、工人工资等，这类成本随产量的增减而变化。固定成本加可变成本为总成本，有时简称为成本。成本加利润等于价格。

　　理论上企业定价有两种方法：一是成本累计法。将变动成本、固定成本、设备折旧、企业财务费用、律师费用、广告费用、专利费用、销售费用、管理费用、预判税收预留等应支应付，加上合理利润，都折抵为全部成本，然后按全部成本分摊，再按边际成本定价。这种方法定出来的价格偏低，适合企业在竞争激烈的红海市场①突围和树立品牌。二是同业类比法。首先进行同类产品或可替代产品的市场摸底和调研。然后再对比本产品与其他企业的产品进行性能和质量的优劣对比，制定出销售策略，参考供求曲线的平衡盈利点以及所围面积测算收益，最终按产品系列和品质制定出不同价格。这种价格的制定，肯定会大大高出成本累计的价格水平。当然也可以按成本累计的方法再核算一下。一般同业类比定价法，适合竞争不甚激烈的蓝海市场②，其结果肯定可以保证企业获得超额利润。在实际操作中，多数企业的价格制定，都取决于该商品所处市场的均衡价格及供求关系，取决于同类商品的横向类比，与企业实际成本及边际成本的计算关系不大。市场价格越高，企业成本越低，该企业的超额利润就越高。

从产品增值的延续性上看（见图9），上一环节产品的最终价格往往作为下一环节产品的原始价值（original value），即原材料的成本。如板材的价格在钢厂是产品的最终价格，但在汽车厂它只是生产汽车的原始价值，即成本费用。汽车的出厂价格对于汽车厂是产品的最终价格，但对于汽车的批发商则是他们的原始价格，加上他们的销售费用如广告、库存及销售人员的工资等，以及其他管理费用、利润甚至包括一部分税收，才得到汽车的零售市场价格。在现代化大规模生产过程中，没有人愿意或有能力包揽从原材料采伐到最终产品推销等所有环

---

① 红海市场指的是现有的、竞争激烈的市场。
② 蓝海代表当今未开发、竞争不激烈或没有竞争的市场空间。

节的全部工作。而产品在每一环节都实现了不容否认的增值，这种增值或称为附加价值（added value），表示了每一环节对市场做出的有价值的贡献。市场连接了各个环节，每个环节的价值在市场中得到承认。政府也从附加价值增加的各环节中收取了增值税（value added tax，VAT）。

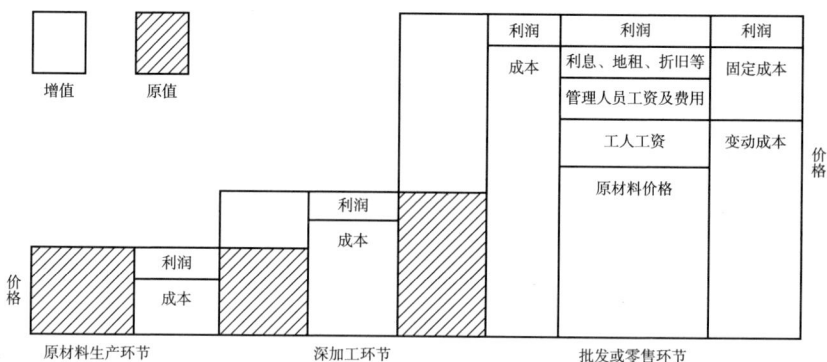

图9　产品生产销售环节

以上看起来有不同环节，其实就是生产加工和流通消费两个环节。成本核算的表述有两点用途：一是说明了实体经济从生产加工到批发零售，每个环节都有增值贡献，都吸收了大量就业；二是说明了对于每个环节的增值，政府都会容易地课征到增值税（VAT）。

如果生产加工后，不经过实体的批发零售，而是经过互联网和快递物流，将商品直接送到消费者手中，不仅对于配送方式来说是一种革命性的跨越，而且的确可以使消费者购买到廉价的商品。一般来说，就生活日用品而言，在互联网出现之前，人们基本上都是通过实体店购物的。假设一个商品的价格是百分之百，那么通过深加工的出厂成本大约占 20%，批发商顺加 10%，零售商由于有人员工资、场地租赁、配送运输、预留折扣等费用，会再顺加约 70%~80%。他们挥泪大甩卖、忍痛大割爱让利 50% 后，其实还有 10% 的利润。如果互联网交易平台简化中间环节，直接从生产企业拿货，那么对于生产厂商和消费者都是好事。然而政府就必须面对由此可能带来大量的中间零售商的破产失业，以及相关税收的流失，必须在得与失中进行比较和抉择。为何电商能比实体店便宜？其实线上互联网销售平台挤出零售商们这块占原价格近 80% 的收入，绝大半都装进自己的腰包，把其中的少部分让利给消费者，使消费者拿到的几乎是原价的 1/3，还包邮并送货上门，因此皆大欢喜。至于拼多多为什么可以更便宜，他们与淘宝的价格差，除了供货渠道不同，产品质量略有差异外，拼多多肯定是坚持薄利多销，把往口袋里装的利润多让了一块利给消费者。这种牺牲中间零售商的残酷改变，居然有人美其名曰科技进步、企业转型，势不可当。

11.

什么是新技术与品牌价值增值？

实体经济的生产厂商都需要核心技术和技术储备。新技术有助于企业降低产品成本，提高产品性能和质量，同时可以在新产品问世时以高价出售。

在消费品丰富的社会中，不同品牌的产品在售价上的差别几乎相差不多，但是名牌的价格却能高出很多。名牌效应带来的红利，迫使大家残酷地竞争，对手们不断推出具有新功能的产品，来吸引消费者的购买欲望，保证自己的品牌始终立于不败之地。

新技术可以带来高价格，已成为西方企业界的共识。因此大家才争先恐后地自己进行研发（R&D）或购买他人的新技术。图10显示了新技术与增值及价格之间的关系。

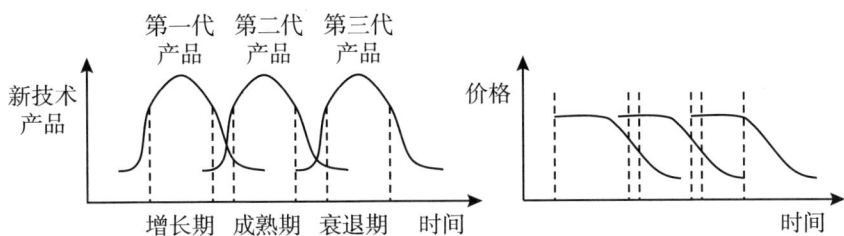

图10　新技术产品与价格之间的关系

　　新技术产品在商品化后，由于没有竞争的威胁，售价可以比常规产品高出很多。过了一段时间，别人也能生产同样技术的产品了，促使其价格降下来。高出的那块价格就是新技术产品的明显利润。

　　新技术产品与品牌产品不同。品牌代表企业信用，本身具有价值，这就是商誉（good will）。品牌商品的售价通常高出无名商品售价的 15% ~ 20% ，名牌商品则可能高出一倍或几倍。有的企业为了创牌子，故意降低价格以便挤入市场，一旦牌子被接受，价格就会逐步升到与其他同类品牌产品大致相等的水平。

　　品牌可以带来附加利益，得益于品牌商品处于垄断竞争的市场结构。当然，处于垄断竞争或寡头市场结构中的企业，会产生超额利润，同时也会侵害消费者的权益。

12.

什么是市场结构？

市场结构（market structure）是无形的，没有货架，也没有铜牌标示，但是它存在于每个消费者的头脑中。分析市场结构的目的在于研究企业在不同的市场结构下，其价格与利润有何种不同。传统的教科书将市场结构划分为完全竞争、垄断竞争、完全垄断与寡头四种形式。有的教科书还将市场结构定义为市场行为（market performance）。其中，垄断竞争一词是美国经济学家张伯伦（E. Chamberlin）提出的。为说明其观点，他还写了一本名为《垄断竞争》的书。可惜他所描述的定义至今并没有被经济学界接受。萨缪尔森（Samuelson）用"不完全竞争"代替了"垄断竞争"一词。目前，对于市场结构的划分和定义，在经济理论界尚没有权威的结论。下面我们不妨完全从现实的角度对西方的市场结构类型做些剖析。

市场Ⅰ竞争市场（competition），或称自然竞争。这个市场有点接近原型的完全竞争市场。在市场上有大量的买主和卖主，双方都具有一定的市场知识，卖主的规模不大，买主和卖主都没有能力支配和操纵市场的价格。价格的确定完全取决于供求定律，并接近市场的均衡价格。在西方，参加这类市场竞争的企业一般都是些从事服务业、农产品加工以及消耗量不大的小商品加工的中、小企业。这个市场中的竞争激烈，容易进入也容易退出，每年都有大量的企业诞生，同时也有大量的企业破产或转行，使得这个市场始终充满活力。总之，大多数中、小企业都置身于这类市场竞争中。

市场Ⅱ垄断市场（monopoly），又称自然垄断或行政垄断。这个市场有点接近理论上定义的完全垄断型市场。在现代社会中常指政府出面组织管理的行业，如铁路、邮电、城市交通、水、电和煤气等城市公共事业，有的国家还要包括一些资源性行业，如矿山等。在这个市场上，企业之间没有竞争，只有按照政府的指令去分工合作，供求定律不起作用，价格一般由政府来确定，价格取向常在高价少销或薄利多销中做出选择。许多国家的政府不允许私人企业进入这一市场。

市场Ⅲ垄断竞争（monopoly competition），或称许可经营。这个市场与张伯伦原定义无关，指金融、银行、保险公司及民用航空等虽然属于私人经营，但基于稳定的需要，政府一般不让过多人染指，而是通过发放牌照实行许可经营的行业。又如为了鼓励新技术开发应用，政府同意在某段时间内通过专利保护，让某些企业享受这一"待遇"。在这一市场内经营的企业遇到的竞争并不激烈。由于政府颁布了许多行业管理的条文与法规，限制了其他人自由进入这一市场，使这些企业可以像"垄断市场"中的国有企业那样，对整个行业实行整体或部分的垄断。同行业之间虽然也有竞争，但毕竟是在高利润的情况下对市场进行分割。整个行业处于大垄断、小竞争的局面，他们的利润水平高于其他市场结构的平均水平，因此这些行业都非常有钱，职工和高管的工资和待遇远远高于其他行业。在这个市场中，价格法则与供求定律只是在国际竞争中起主导作用，对于国内竞争只起有限的作用。只要不"过线"，政府对于企业间一些带有垄断性的协议或默契，总是采取睁一眼闭一眼的宽容态度。新手很难进入这一市场去打破他们的垄断。

市场Ⅳ寡头市场（oligopoly），或称寡头竞争，实质上是品牌竞争市场。这个市场不需要牌照许可。国内不少教科书都翻译成寡头垄断市场。这种翻译欠准确，就英文直译而言，应当只是"寡头"，"垄断"是翻译者按自己的理解后加上去的。在寡头市场横行的企业，基本上都是在生产上已形成相当规模的跨国公司，并且私营公司占绝大多数。他们从事生产和经营的领域大都是那些关系到国计民生的行业，如汽车、钢铁、化工、电子、机械制造以及消费量大的食品、服装、化妆品等日用消费品。经过几十年、上百年的努力，这些企业不仅技术成熟而且知名度甚高，如华为、联想、万科、三星、奔驰、奥迪、尼康等几百家在各行业几乎家喻户晓的领袖企业，也被经济学称为寡头。通常它们的产品质量好、性能高、售后服务好，消费者认为货真价实。它们的价格常常代表该产品的市场价格，从这个意义上讲，它们所处的市场被称为寡头市场是很合理的。在这个市场上供求规律仍起主导作用，寡头之间的竞争非常激烈，尤其国际竞争的压力使这些企业间存有兼并甚至垄断的趋势。然而，这种趋势却受到各国政府的严格控制。若硬是将这样的市场称为寡头垄断，未免有些牵强。在寡头市场中，消费者一般愿意买名牌商品。价格低的无名商品并不一定就能以价取胜，但是那些无名厂商，如果一旦取胜，只要成本保持低廉，就可以瓜分寡头们所占有的超额利润，所以吸引着许多新手，拼命想通过广告创立品牌，挤入这一市场。

以上四种类型的市场结构基本上可以将市场经济的各种企业都包括进来。假如政府对价格没有管制，即使各企业生产同种商品的成本也相同，单凭企业处于不同市场结构，其价格和利润也会有明显差别。可见市场结构对于企业的利润和消费者的钱包有着多么重要的影响。

假定商业银行贷款利率为年息8%。市场 I 由于竞争对手多，企业定价只能落在市场均衡价格范围内，平均年利润率大致在10%～15%之间。市场 II 由于没有竞争对手，理论上讲，企业可以随便定价，最低的利润率也可以达到50%，最高可以达到200%或更高。市场 III 由于有一定的垄断因素，价格水平高，企业的利润率可达到20%～25%之间。市场 IV 由于竞争集中于大企业之间，其激烈程度不如市场 I，但比市场 III 强烈，企业的平均利润率水平大致在15%～20%之间（见图11）。

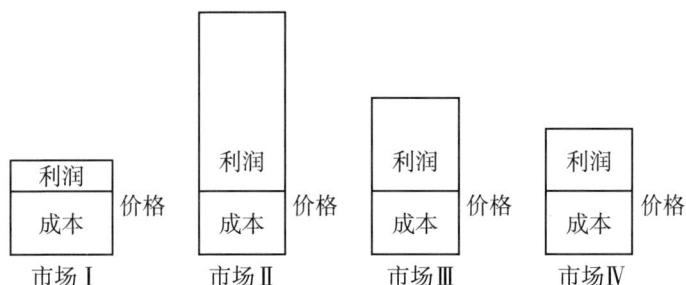

图11 企业处于不同市场结构的获利比较

以上的经验数据比较接近西方企业的具体实际。当然，由于行业不同，如朝阳产业（如互联网、新材料、新能源、生物或生命工程等）的利润要比夕阳产业（如机械、钢铁、水泥、石油等）的利润高。银行、保险等金融服务行业的利润更高。

在中国，对于银行、保险、航空等垄断竞争性行业，一定要借鉴西方工业化国家政府的做法，把握对外资牌照的开放节奏。实际上世界贸易组织（WTO）等国际组织或协议都是在所谓公平竞争的前提下，帮助外国的企业在本国的市场结构中争夺制高点，从而获得更多的利润和利益。这种做法符合经济学的比较利益学说，即符合发挥各国地缘经济的比较优势，促进人类和生态平衡。当然，各国政府都会讨价还价，绝对不会为了开放的形象，而放弃国家利益。

此外还有几点需要说明的问题：

①我们这里所谈的利润率，对于非股份公司，指净收益与投资之比。对于股份有限公司，指每股收益与原始投资额（即股票面值）之比，而不是与溢价后的股票价格之比。与后者之

比，其值从表面上看很低，甚至可能低于5%，然而其真实收益已融合在公司的财产及资本之中。精明的股票投资人看重的不是企业利润率，而是股票的市盈率（P/E）。当市盈率的倒数大于银行的存款收益，他们就会购入，以期获得分红和资本利得。

②对于市场Ⅰ，即处于自然竞争结构中的从事农副产品及简单再加工的企业，由于多数国家的政府对农业采取补贴政策，因此往往有利润存在。

③市场Ⅰ中从事饮食、服务、加工等行业的小企业普遍存在严重的逃税现象，它们的实际利润率很高，甚至可能高达100%以上，但它们工作辛苦，收入不稳定，社会福利差，生活缺乏保障也是事实。

④市场Ⅱ属于垄断型市场，若私人企业进入，其利润率会高得令人难以想象。但国有企业不以营利为目的，其价格可以仅仅是成本价格，甚至低于成本价格，因此对社会构不成危害。

⑤对于市场Ⅲ的开放，各国都比较慎重，尤其不愿过多地对外开放，怕引起失控或动荡。

在此，我们对市场结构进行分析，除了弄清企业的价格、利润与市场结构的关系外，更重要的在于它可为政府对市场的宏观调控提供较切实的立足点。政府对市场Ⅰ要鼓励发展，对市场Ⅱ要严格控制，对市场Ⅲ要切实监督，对市场Ⅳ要谨防合谋垄断。以上原则对于市场经济国家，不论政府自觉与否，实践中都是被忠实地执行和遵守的。只有如此，才能最大限度地保护自由竞争。

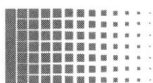

13.

市场有哪些分类或类型？

市场的建立最早从商业开始，首先是商品市场。随着商品外延的扩大，分工的明确，市场的类型不断延伸，交易的内容也在不断细化，才出现了生产要素市场和资源市场的各个分类。

从时间和空间的存在形式上看，市场可以分成有形市场与无形市场两种类型。有形市场，有固定的交易场所或市场、公开的牌价，买卖双方都可以去那里求得帮助并进行交易。无形市场，没有固定的场所，靠广告、中间商的电话或互联网网上交易等中间媒介，寻找组织货源或买主，成为沟通买卖双方的桥梁。但不论哪种类型的市场，起决定性支配作用的还是只有供求定律。

随着高科技和互联网的应用，市场又大致包括以下几种有形实体交易和无形网上交易的类型（见表1），而且越来越多的网上交易的无形市场代替了商业地产支撑的写字楼有形实体市场。

表 1   **实体市场类型**

实体市场类型	经营的主要内容	存在形式	经营方式
原材料市场	金属材料、化工材料、建筑材料、木材等	有形/无形	交易所、中间商
生产资料市场	机械设备、电子仪器、测试仪器、租赁	无形	广告、推销商
资本市场	一级市场：证券发行二级市场：证券流通	有形	银行、股票交易所、股票经纪人
货币市场	承兑、贴现、同行拆借、信贷、票据、短期债券	有形/无形	银行
外币市场	外汇存款、汇兑、贴现、进出口结算	有形	银行
技术市场	专利、咨询、软件、许可证工程承包技术转让	有形/无形	专业公司或广告
商品市场	各种现货期货、批发零售、进出口	有形/无形	中间商、市场
房地产市场	房地产转让出租、建筑业的产品推销	无形	专营公司、广告
服务业市场	承办旅游、旅馆、饭馆、影剧院、业余教育等介绍	有形/无形	旅游公司、广告
贵金属期货市场	黄金白银的现货与期货	有形/无形	银行、交易所
艺术品、珠宝市场	珠宝、古玩、字画、历史文物	有形/无形	广告、拍卖商、中间商
石油期货市场	石油、石油副产品	有形/无形	交易所、中间商
煤炭期货市场	煤炭、煤炭副产品	有形/无形	交易所、中间商
劳动市场	工人、工程技术人员、秘书、各种专业人员	有形/无形	广告、职业介绍所
农副产品市场	粮食、棉花、水果、水产、咖啡、糖及其他农产品	有形/无形	市场交易所、中间商
保险市场	人寿、合同、投资、医疗、退休、工伤、财务等保险	有形/无形	保险公司、银行

从便于理论分析的角度考虑，上述市场类型可以按生产要素（劳动、土地、资本、技术、数据）进行归类，也可以按交易性质，将资本、货币、外汇三个市场归结为金融市场，将原材料、农副产品、石油、煤炭等或多或少都存在现货和期货问题的市场一并归为物资产品市场，还可以将贵金属、珠宝、服务业这三个主要用于满足人们的奢侈需求的市场归为奢侈消费品市场，等等。然而在实践中，每个市场的存在并不是因为它符合某种理论的设计，而是由于它满足了人们的某种特定需要。它们不是橱窗里的摆设，没有真丝领带、香槟酒、雪茄烟那种高雅的格调。在市场上除了赤裸裸的钱与钱的争斗，还是赤裸裸的钱与钱的争斗。

以上各类市场千差万别，却有着一些共性。市场的经营者都不是直接的生产者（生产资料市场有些是例外），也不是真正的消费者。他们之所以经营，都是为了赚取一买一卖之间的差额，正所谓商人做买卖就是为了赚钱。本钱小的商人赚介绍费、吃佣金；本钱大的商人直接与双方签转手合同，赚大的价差。供给方把货物推到市场出售，他们的愿望就算满足了，至于何时能转到真正的消费者手里，或者实际的价钱能高出多少，他们并不关心。需求方把他们要买的条件交给市场，如果需求迫切就得在价格上做出让步，而不必自己逐一去寻找对象。市场会依据价格与条件的不断比较，将稀缺的资源或商品做出最佳的配置。市场上的所有参与者都是在追求自己的利益，做带有冒险性质的交易，没有人企图为了公共利益做出牺牲，大家全都听凭供求定律这只"看不见的手"摆布。

以上类型的市场都是自然形成和发展的。政府可以出面监督管理，但不宜去人为地组织。经济学家，尤其是凯恩斯学派后的自由市场学派，普遍担心政府过多的插手会破坏市场的内在机制，即破坏供求规律所支配的价格机制，以及企业因经营失败而随时会破产的风险机制。政府的监督和管理应体现在通过立法反对垄断、保障公平与合法的竞争。至于市场能否成功，应当留给市场自己去解决。

市场上的经营者也是形形色色的。有受过高等教育或专业培训并持有执照的专业人士，如银行职员、股票经纪人、拍卖商，或由一群同等档次的人所组成的贸易公司；也有文化水平不高但有一定赚钱知识和社会关系的中间商；还有人们俗称的"倒爷""二道贩子"、基金管理人乃至对庞氏骗局和做"老鼠仓"烂熟于心的骗子。这些人若想在市场上生存下去，就必须经过注册，按章纳税，起码在表面上要做到奉公守法，遵守契约合同和商业道德。他们的活动不能超越所批准的经营范围。政府管理市场应当对事不对人，凡符合上述条件，都应该一视同仁地对待，给经营者们以充分的机会，让他们在法治的框架内自由发挥和施展才干。这样，市场才可能在发展中一个一个地建立，一个一个地完善。

14.

什么是实体经济与虚拟经济?

　　实体经济（real economy）对应的是虚拟经济。究竟什么属于实体经济范畴，至今众说纷纭，莫衷一是。有人说实体经济应局限在物质层面的东西，还有人说也应当包括文化艺术等精神层面的东西。实体经济顾名思义，应当关系到消费者基本生活的衣、食、住、行、通信、教育、医疗、旅游、娱乐等实际需求。其中包括了第一产业（农业）、第二产业（加工业），以及第三产业（服务业）的一部分。虚拟经济（virtual economy），按目前的说法，主要包括金融服务业和互联网服务业。有学者硬是把房地产、体育竞技、博彩业、收藏业等也纳入虚拟经济的范畴，不免显得牵强。

　　对于虚拟经济目前经济学界没有统一且严格的界定和定义。甚至在英语中，连虚拟经济这个名词的用法都不统一。尽管虚拟经济在中国风生水起，好像成了高科技和未来经济的代表，成为许多搞电子商务者发家致富的"宣言书"和"垫脚石"，其实在西方经济运行中，还真没有虚拟经济这一说法，在官方也没有这一提法。

多数人直观地认为，实体经济创造了实实在在的社会财富，而虚拟经济只是依靠互联网创造了其财富上的附加值，只是为人们提供了更多的交易方式和便利。人们靠实体经济可以填饱肚子，但靠虚拟经济做不到。在互联网形成气候之前，由于金融服务业可以创造虚拟的增值业务，故被视为有虚拟的经济增长成分。互联网出现后，创造了一个完整的虚拟世界，虚拟的行业如雨后春笋遍地生根。在短时间内创造了数以十计甚至百计的亿万富豪，整个社会都疯狂了，人们削尖了脑袋想挤进这些行业或者追捧与其相关的股票，企图不再辛苦地在实体经济里刨食和奔命，而一夜暴富。如今虚拟经济、虚拟世界、虚拟社会等有虚拟标签的都是香饽饽，代表高科技，代表未来。虚拟社会几乎无时无刻不在伴随我们左右，甚至形影不离。人们睁开眼睛第一件事就是通过手机去获取各种资讯。人们在虚拟的平台上购物、叫外卖、定出租车，甚至看病、看房子等。因此手机和网络成为他们不可或缺的生活必需品。这些都是虚拟经济所带来的福利。

由于虚拟经济是互联网催生的经济，在此之前没有虚拟经济的提法。因此大家可以借鉴电影里用分区断电查电台的方法来判断，如果我们人为地把互联网信号全部关闭，哪怕一周，所剩下的行业如果依然可以存活，那么它们一定是实体经济所涵盖的行业。虚拟经济破产了，人类生活只是不方便。实体经济破产了，整个社会就会破产。人们的衣、食、住、行等基本生存需求就会受到威胁。

实体经济是皮，虚拟经济是毛，皮之不存，毛将焉附？虚拟经济是依附于实体经济之上为其服务的。真正支撑人类的正常生活，离不开实体经济。所有实体经济都是通过提供劳动或服务，完善商品的效用，以满足人类不断增长的物质和文化生活需求。

有一种说法，实体经济围绕的是商品的生产加工，虚拟经济围绕的是商品的流通消费。实体经济关系到人们的生死，虚拟经济影响到人们的便捷。虚拟经济是一种建立在高新科技和互联网基础上的新型经济形态。它也是各国领导人和专家学者们如今的常用术语。至于什么是虚拟经济，一个人一个看法，没有统一的答案，因为虚拟经济还在快速地发展和拓展领域。国内有学者把虚拟经济翻译成"fictitious economy"，这是从马克思虚拟资本（fictitious capital）的概念衍生而来的，专门指证券、期货、期权等虚拟资本的交易。所以说虚拟经济英文名词用"fictitious economy"的原始提法，以及虚拟经济应当包括金融服务业，这些都是受马克思经济理论的影响，此种翻译具有理论的色彩。也有人将虚拟经济翻译成"visual economy"，专门以指信息技术为工具的互联网网络派生出来的行业和经济范畴，后来又添加了人工智能（AI）和机器人，此种翻译更偏重实践的应用。

因此，虚拟经济如同许多经济学概念一样，只有相对的共识，而没有公认的定义。在信息化时代的实践中，人们通常提及的虚拟经济（virtual economy）基本包括两大块内容：一块是传统的金融服务，另一块是 21 世纪正在崛起的、以电脑和智能手机为信息处理平台的互联网服务。有人认为互联网只是工具，正确的提法应当是某种产业或行业加互联网（如金融＋互联网）。也有人赶时髦，想蹭互联网的热度，沾国家对支持互联网经济专门配套财政补贴的光，所以坚持用互联网加产业（互联网＋金融）的提法。无论如何，金融服务与互联网平台都已在虚拟经济的舞台上唱起了主角，成为能够快速发财致富的主渠道。

不论有人如何贬低虚拟经济，说虚拟经济不生产任何实物，只是作秀，用符号和概念讲故事骗钱，创造虚假繁荣，没有生命力，然而虚拟经济已然存在了，它就在那儿。政府取缔不了，只能加强引导、监督和管理，才不至于动摇那些勤勤恳恳搞实体经济的企业家们的信心。虚拟经济发展过头，的确会诱导整个经济脱实向虚，造成产业空心化，动摇国本。因此党中央才及时纠偏，提出了加强供给侧结构性改革，明确了要脱虚向实。

下面我们重点分别探讨一下虚拟经济中的两块产业。

金融服务

金融服务是指金融机构通过开展业务活动为客户提供包括

融资投资、储蓄、信贷、结算、证券买卖、商业保险和金融信息咨询等多方面的服务。金融服务商主要有投资公司、私募和公募基金、银行、保险公司、证券公司等，以及同时具备一级挂牌和二级交易功能的证券市场等。他们的业务一般需要政府的许可经营，处于垄断竞争的市场结构中。他们用自有资金或在社会募集到的资金启动项目。在金融服务企业的包装下，处于实体经济范畴内的企业的运行及财务管理会更加规范，更加符合政府监管和税收的要求，并保护投资者的权益。

说到金融服务，不能不说股市，股市是金融服务的重头戏。所有金融的投入和辛苦，大都依靠股市的套现才能正常退出。应当明确的是，企业一旦挂牌上市，融到第一笔风险资金，股市的好坏与企业运行就没有太大关系了。炒作股市可以让股东套现，对个人很有好处，但对实体经济中的企业，除了可以加大银行抵押股票的贷款额度，增加企业负债风险外，对企业的公司治理和正常运行没有太大帮助。金融服务商们会在企业上市后有计划地套现退出，企业在股市上的融资功能也会相应减弱。除了增资扩股可以融到部分资金外，企业把股票在银行或其他金融机构打折质押，也可以获得部分资金。此后股市的起伏涨落对企业没有太多影响，股票的高低并不代表企业运行的好坏。运行好的企业，有时股票价格低，贷款银行还会要求企业追加担保；运行差的企业，股价可能非常高，全都是炒作和泡沫。

中国股市与实体经济相背离，价格与价值相背离。常常是股市好，实体经济反而差。中国的金融产品少，投机者选择性少。本来用于投资和作为流动资金的钱，却被股市吸走去炒作投机，造成了不论央行怎样加大投放货币，实体经济都永远感到资金匮乏。相反，当实体经济向好时，企业运行平稳，但是因缺乏题材炒作，股市的表现反而一蹶不振。

政府监管金融服务业的虚拟经济，往往比监管实体经济更吃力。其中不仅需要专业知识，而且更需要淡定的立场，要拒腐蚀永不沾。从事金融的人喜欢不断创造新名词、新产品、新玩法，比如什么"隐形杠杆""CDO""REIT""收益互换""高频交易""程序化下单"等，常常搞得管理层眼花缭乱，生怕跟不上，被人嘲笑落伍了。当然还有一些监管人员不懂装懂，什么都没有弄懂就开放新规则，从而埋下了系统性的金融风险隐患，搞不好会牵连实体经济。不论是美国2008年金融危机，还是中国2015年的股灾，背后都有金融"创新"的影子。经过中国证券业管理层几代人的不懈努力，中国证券市场开始出现规范化和国际化苗头，如监控"讲故事"，打击内部交易，强调分红，推行注册制，允许失败公司退市等措施，都有利于恢复股市的融资功能，使得证券市场能健康发展。

互联网服务

互联网服务是 21 世纪从工业化社会步入信息化社会的新课题。多数人会认为互联网代表时代的潮流，不可阻挡，更有人认为互联网更多涉及技术层面的应用，不涉及理论问题，尤其不涉及经济学。其实不然，经济学可以解释互联网服务为什么能赚钱，赚的是哪里的钱，牺牲了谁的利益。在了解互联网服务的一些基本特征后，政府应从经济学的成本、价格、利润进行分析，乃至从互联网企业在市场结构中所处的位置，找到对其监管的相应对策。反对行业垄断和企业规模过大的价格垄断倾向，是政府监管互联网行业的第一要素。

互联网服务涉及面广，有电子商务、电子政务、电子医疗、电子教学等几个大的方面。它们大都以英文 E 或 I 作词头，如 E-commerce（电子商务），E-government（电子政务），I-medicine（电子医疗），I-education（电子教学）等。E 表示 electronic，中文意思是"电子"。I 表示 Internet，中文意思是"互联网"。电子商务又派生出"网上支付"、"网上银行"、B2B、B2C、C2C、F2C、P2P、O2O 等，或几种模式的组合等新花样。

B2B 是"商家对商家"（business to business），B2C 是"商家对客户"（cusiness to customer），C2C 是"客户对客户"（customer to customer），C2B 是"客户对商家"（customer to business），F2C 是"工厂对客户"（factory to customer），C2F 是"客户对工厂"（customer to factory），P2P 是"个人对个人"（peer to peer），O2O 是"线上对线下"（online to offline），这些新代号、新名词层出不穷，但是大都缺乏有效的监管，因此麻烦不断。

随着技术开发，互联网应用涌现出许多"专业户"。特别引人注目的是网上支付和网上银行，几乎深入千家万户，影响了一代年轻人的消费习惯。后来随着微信的问世和普及，不仅是青年人，中老年人也被调动起来了。几乎人人都有微信，甚至许多人每天花在这上面的时间几乎赶上了工作时间，由此还产生了"低头族"这样的新名词，用以形容他们的专注。

尽管微信所提供的信息是碎片化的，并且有真有假，但它还是培养了多数人的阅读习惯和思考能力。人们在阅读中几乎在第一时间了解周围事件的发生及人们的看法，增加了与外界交流的话题。

微信的信息如同菜蔬等副食，书本知识是主食。副食给人的营养是碎片化的、零乱的、不系统的，主食令人充实。但是人们的学习都有一个由表及里，由浅入深的过程。微信培养了大众的阅读习惯，改变了传统媒体的传播方式，产生了国际化的、全新的、能够互动的、以自媒体为主的国际传媒平台。微信的交互界面非常友好，非常方便，几乎没有进入门槛，在很短时间内迅速普及。大家可以在上面交流心得、点播节目、预定出租车，甚至享受送餐、送票等各种送货上门服务，大大加快了社会交流的节奏。尽管微信对社会有正面的、有附加价值贡献，但是它的商业模式还是有待开发的。

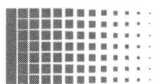

15.

政府对虚拟经济中的互联网如何监管？

互联网是发散性的媒介，具有瞬时、广泛、不可控等特性，其用户的正反馈，可以凸显加倍叠加的放大效应。从经济学立场看，互联网对中国的经济发展有促进，也有不能忽略的冲击。政府的相关部门监管互联网，主要是监管网上的不良信息和虚假信息。

互联网侵犯国内消费者和企业的利益

中国互联网行业所依仗的软硬件，早年多数都是从美国进口和移植的，国内企业完成的主要是商业创新和本土化翻译，缺乏核心技术，尤其缺乏自主创新的芯片技术，因此不可能像美国那样通过出口芯片和输出应用软件来收取大量的技术专利等费用。美国垄断了世界互联网的根目录（.com）。不仅网上的信息对美国没有秘密可言，而且美国的互联网已经成长为有可观收入的支柱性产业。相反，中国每年为互联网消费要向美国支付大量的专利费等费用，其总额甚至超过了中国的原油进口额。在中国不掌握自主的网络、芯片及应用软件技术的条件下，互联网越发展，中国的消费者和企业就要向美国购买更多的芯片、交更多的使用费和专利费，导致受制于美国，处于产业链的末端。

互联网对传统业态和实体经济产生冲击

从经济学角度讲，互联网服务是新兴业态，代表未来，有生命力，应当支持。同时，也必须估计到，它也会带来一些社会问题，如实体经济的大面积失业。各国对于这个新兴业态的态度也不尽相同。欧洲及澳洲趋于保守，担心互联网的冒进会破坏传统秩序，造成大量传统行业的倒闭。美国因拥有核心技术，可以从中收到实惠，因此非常积极。中国偏向美国，尤其在中央政府提出"互联网＋"的新概念之后，整个形势如火如荼。从上到下，不论是懂的还是不懂的，都把"互联网＋"挂在嘴边，却很少考虑互联网可能带来的高支出和高失业风险。

鉴于多数的互联网服务都存在于流通环节，因此互联网的冲击会造成大批从事传统批发业和零售业的企业破产和人员失业。这也是欧盟在思考互联网服务时顾虑最多的。欧洲人有悠久的文明传统，他们不认为这个社会，有哪些人或哪些企业因为落后，就应当被强行剥夺生存的权利。倘若如此，欧洲各国政府宁可放慢互联网扩张的步伐。

从生产到销售，中间有大批人群从事"倒手"交易，这就是市场经济。市场经济就是交易经济，中间的交易环节，养活了一大批人，不宜轻易砍掉，那样会造成大量的失业。想依靠互联网淘汰传统业态和实现再就业，那只是个别利益相关人的愿望。

从表面上看，如果厂家通过互联网，把出厂价直接拿给消费者是两全其美的。在日常生活中的确越来越多的消费者，也是先去商场或旗舰店考察商品，货比三家，然后通过网上下单购买、送货上门等方式完成商品的购买。然而在实际中，消费者并没有得到出厂价的便宜。从事互联网网上服务的企业在中间加上了自己的利益。他们赶走了中间商，换上了自己的"店小二"。许多厂家为了网上的排名和关注度，要直接或间接地向网站缴纳"通道费""排名费"，还要讨好"店小二"。最为可怜的还不是那些为讨好"店小二"而低三下四的厂家们，反而是那些因互联网的冲击而成批垮台的商业地产，以及因实体店大量关门而下岗的职工。

互联网寡头在国内形成了市场垄断

互联网作为新兴业态是一种经济现象，同样存在经济学所面对的传统问题，其中最突出的仍然是垄断问题。目前中国个别"巨无霸"有垄断交易的嫌疑。他们支付网站的交易量占市场总交易量的一半以上。垄断程度之高，在欧美工业化国家是绝对不会被容忍的。

西方工业化国家，对于垄断极为敏感，坚决打击绝不手软。对于任何创新都持有保守的谨慎态度，反复琢磨这些创新会怎么钻政府监管的漏洞。监管没有到位时，一般西方政府对金融创新的产品不敢轻易开放。

互联网可能造成财税流失并威胁信息安全

互联网服务可能出现大量的财政税收流失和信息流失。传统的实体经济，从生产到销售的各个环节都在政府的监督之下，有明显的运动痕迹，各个环节都有增值税发票的连接。互联网服务的行为主体容易被虚拟或模拟，不仅容易产生假货，而且容易产生财税流失。若网上销售达到数十万亿或数百万亿元，一旦出现跑冒滴漏，就给国家财政 17% 的增值税收入造成损失。更令人忧虑的是，由于支付网站的服务器端口在国外、在云端，因此中国消费者的消费及其他可测算的隐私数据会掌握在外国人手中。若对这些信息进行大数据的汇总分析，不仅会令消费者个人的隐私遭到窥视，而且整个国家的基础数据都会被触类旁通地联系起来，会暴露无遗，对国家的信息安全构成严重的威胁。

有些人看到美国的虚拟经济在经济总量中的比重越来越大，就误以为虚拟经济是未来经济的发展方向，其实谬矣。美国占了由他领军的全球经济一体化的先机，还有强大的军事做保障，且独享美元发钞权，同时还掌握着网络服务器端口，既可获取宝贵的大数据信息又可收取专利技术费，这些都是其他国家无法效仿的。倘若一味模仿，难免东施效颦。

我国政府对于互联网不可阻挡的发展趋势应当重视，应当欢迎。同时对于在互联网环境下，我国政治、经济、文化、军事等领域可能面临的冲击和挑战，也必须有足够的预判和监管。

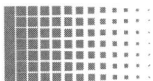

16.

什么是政府干预?

政府干预在西方主要有两种方式:直接干预与间接干预。

直接干预

在一个完善的市场经济体系中,政府的直接干预非常有限。不论企业还是个人,除了法律规定的许可需要向政府申请批准并向政府照章纳税外,企业及个人几乎就没有再需要和政府打交道的事情。政府部门干的都是法律规定的日常工作,井井有条,经久不变,不论谁执政都不会改变。要变只能修改法律,修法需要通过议会。在西方市场经济的国家里,从来没有政府靠发文替代法律,靠发文出业绩的现象。

在西方偶尔也有人在政府"托人情、走后门"的现象,但这最多能"加个塞儿",能比别人早获批准,而绝对不会有不该批的申请——通过走后门而获得政府批准的违法现象发生。发生了就是丑闻,甚至会被诉诸法律。政府一般不敢直接干预本国的市场竞争，但偶尔会以反倾销等理由来干预外来者参与的竞争。

政府直接干预的目的和对象，主要是针对打破垄断和鼓励竞争。如美国国会曾经在 1890 年通过《谢尔曼反托拉斯法》。20 世纪初，美国最高法院阻止了由摩根与哈里曼两人所有的两大铁路的合并。后来法院又责令美孚石油公司划分成几个小公司。美国钢铁公司曾被指控带头操纵价格进行垄断活动，1912 年相关诉讼被提交法院审理，1920 年结案，认为钢铁公司并非垄断集团，同时法院在规模巨大和垄断之间仔细划定了界限。1957 年最高法院判决杜邦公司必须将其拥有的通用汽车公司的股票转让出去，因杜邦的控股程度已足以操纵通用汽车公司。1961 年美国电器公司因操纵价格和限制竞争被判罪，向消费者偿付巨额损失，部分公司董事因非法策划而入狱坐牢。类似被起诉并受到制裁的公司还有美国铝公司、国际商用机器公司（IBM）等，这些垄断活动都受到美国有关政府机构的直接干预。美国司法部的任务之一，就是分析研究出现垄断的潜在危险，阻止任何垄断性的企业兼并，一旦市场受到失去竞争的威胁，他们就会把大公司拆散，防止垄断破坏技术创新、扼杀市场繁荣并损害消费者的利益。

政府除了对垄断行为采取直接干预外，对扶植小企业并鼓励他们参加竞争还会采取另一种形式的直接干预。如美国政府对小型企业采取"S 分章企业"的课税方法（Sub-chapters Corporation），在税收上给予优惠。美国商务部下属的小型企业管理局（SBA），从 1970 年以来一直给小企业提供优惠贷款，仅 1977 年一年中就为 31800 家小型企业提供了 30 多亿美元的贷款。小型企业管理局是政府专门为支持小企业参加竞争而设立的政府机构，在美国各地都设有办事处。他们训练有素的专家，为已在经营或正准备经营的小企业提供各种咨询和帮助。

必须强调的是，政府对市场和企业尽管有时采取直接干预的方式，但这种干预仅仅局限在反对垄断、鼓励竞争这一范围内，而且受到这种干预影响的企业数量十分有限。在市场经济中，对于 99% 以上的企业，只要它们不违法、不垄断、不污染、照章纳税，履行合同，没有债务危机，也许一辈子也用不着与政府的这种直接干预打交道。企业和政府的关系很简单，就是税收的关系。社会舆论的监督，也绝不允许政府的直接干预，深入到市场机制和企业自主经营的内部运作之中去。因为那样做，就不再是"直接干预"，而是变成"直接干涉"了。

在中国，政府对市场和企业的直接干预依然存在。有些人见不到红头文件，都不知道该怎么迈步了。虽然人大早就颁布了《中华人民共和国行政许可法》来规范和限制政府部门的发文，然而不能期待在短期内会有根本性的改变。

在中国，政府的直接干预主要体现在政府部门通过行政发文指导经济工作。政府动辄发文是典型的计划经济习惯做法。一个项目要盖几十个章，办项目的人经常抱怨，有时一个项目办几年，要"磨破嘴，跑断腿"。

政府的直接干预常常是政府的例行公事，如直来直去地打破垄断，没有太多的干预技巧。有技巧并且值得推敲的，是政府的间接干预，主要是通过运用财政政策和货币政策来影响市场的热度。

间接干预

间接干预是指政府在市场外围，通过制定规则和调整政策，来影响市场的运作，即通过各种政策对市场机制的杠杆作用，来间接地以市场化的方式调整产业结构。如规范和制定标准来保证产品质量和环境，出台出口退税政策来鼓励出口，建立黑名单制度来提高社会诚信，颁布负面清单来限制市场准入，提高罚款额度来抑制污染，实施刑罚来保障食品安全等。

在市场经济中，政府最常用的间接干预的主要手段，是通过财政政策及货币政策这两个"冷热水龙头"进行干预，调节市场的"水温"。不论何种干预都应当做方案对比、极限分析以及突发事件的预案准备。

17.

什么是财政政策?

政府的财政政策（fiscal policy）体现了一定时期内国家的总体意志。这种意志的制定并不是出于财政部门，而经过国家最高决策层集体讨论，并且事先已经征求了政府各个相关部门的意见，最后大家共同决定的。政府财政政策主要关注的目标是充分就业，另外还有通货膨胀、经济增长、突发事件、贫困地区的转移支付等属于国家一级预算和二级常规预算列支的项目。政府的财政政策与国家治理制度紧密关联。财政政策的安排决定了国家广义公共服务如何提供，是市场经济得以持续好转的重要因素。政府的财政政策通常总是与反周期的货币政策共同作用，或是采取扩张性财政，或是采取收缩性财政政策。

财政政策与货币政策一般会被同时提到。其修饰名词常见的有：适度的、适度宽松的、适度从紧的、稳健的、灵活的、积极的等。人们从字里行间可以揣度未来经济环境的温度变化。它们如同冷热水龙头一样，决定了一段时期内的经济走势。

我们在开篇的图1中，介绍了在典型的市场经济模式中存在四个成分和两个环节。这四个成分就是：生产要素、自然资源、个体消费者、政府。市场经济是通过市场整合生产要素对自然资源要素进行挖掘，把它们变成产品和服务，再通过市场把财富输送到消费者和政府的手中。

在市场经济模式中，个体消费者和政府不出现在生产加工环节，他们与生产无关，只出现在流通消费环节。他们对社会的贡献主要体现在其消费和开支上，因此时常都要鼓励消费和扩大支出。当然消费者除了有消费的功能，他们的私人投资也是对社会充分就业和经济增长的重要贡献。消费者财富的积累一般有三个去向：消费、投资和储蓄。投资风险大，收益大；储蓄风险低，收益低。通常，高风险有高回报，也有血本无归的可能。有一句著名的广告语家喻户晓，"股票有风险，投资需谨慎"。银行储蓄就不同了，虽然收益低，但是没风险。尤其是把钱存入中、农、工、建等国有控股的银行，虽然利息低，但是旱涝保收，没有舍本的风险。

由于个人的消费和投资有限，不能保障经济增长和充分就业，因此政府的行政开支就起到了至关重要的补充和调节作用。政府的开支有投资功能，但不能讲投资回报，而政府的企业可以计较投资回报。在市场经济的经济学理论中政府只有开支，没有投资。这点经常被人忽略，因此应当强调。所有投资都是指私人投资和国有企业的投资。

政府的财政政策主要指政府的支出和税收。作为干预手段，其实政府的税收比政府的支出对市场的影响要大得多。政府的扩张性支出一般都大于税收，入不敷出，因此常常出现赤字。其中赤字部分要靠发行公债来弥补。世界上没有赤字的政府不多，但是对于财政赤字，欧盟有限制，新成员国的财政赤字不能超过其 GDP 的 3％，另外政府债务占 GDP 的比重不得超过 60％。政府的财政赤字和债务不论报纸上如何夸张，摊在每个国民头上有多少，最终不会由民众当期直接偿还。

政府的财政支出对于国民收入是一种扩张力量，可以直接扩大社会的总需求，增加国民收入。尤其在经济萧条期间，私人投资明显减少，政府的扩张性财政政策，如兴办公共事业，可以提供更多的就业机会，对于稳定社会是十分必要的。

政府的开支，表示政府作为消费者和生产者直接参与市场活动。开支创造了市场，开拓了市场。政府的生产对于整个社会实际上是一种消费。很多人不理解，西方也有不少国有企业，为什么联合国在计算 GNP 时，只统计私人投资而不统计政府投资？原因很简单，第一，西方市场经济发达的政府，几乎从来不对私人企业所操办的行业，尤其是对民用工业进行直接投资。第二，政府所投资的方面，包括对国营、国有企业的投资，其结果往往只有社会效益，而缺乏经济效益，如修路、盖医院、办教育等。对于这些投资大、周期长、收益低，私人企业不愿参与，而对整个社会发展又必不可少的公共设施及社会福利，只有政府才肯承担投资重担。因此政府的投资，从来不计利润，只能作为开支来对待。

政府只会花钱，不会赚钱，绝不是因为政府无能，而是由政府的职能所决定的。政府，包括其所属的公益企业，不能像私人企业那样，以营利为最终目标。政府所属企业如果有营利存在，那只是账面上的工夫，在背后总可以从得到补贴或享有某种垄断优惠上找到原因，否则，那个企业根本就不应当由政府来经手，而是应当通过混合所有制交还给社会。一个国家，倘若政府也要赚钱，也要与民争利，那么这个国家就真正没有希望了。

下面我们以美国为例，看看政府财政政策的效果。作为消费者，美国政府每年要从市场上直接购买占 GNP 20%～25%的商品与劳务。另外政府还将占其总开支约33%的钱，作为退休金、抚恤金、失业救济金等转移性开支，支付给部分国民，由他们间接向市场购买商品和劳务。

作为生产者，美国政府雇用了占全国劳动人口17%～18%的人员，为劳动力市场提供了可观的就业机会。

图12是美国联邦、州和地方三级政府2017年开支项目及所占资金的比例范围，从中可以帮助我们理解作为中央和地方政府，所应当分管的工作都有哪些方面。

从图12的统计，可以清楚地看到，无论是中央政府，还是地方政府，其开支的重点主要是公共事业及社会福利，没有民用工业，没有一件赚钱的差事。政府对提供的各种服务进行收费，往往不足以支付其雇员的工资。政府开支中有相当部分

2017年联邦政府支出

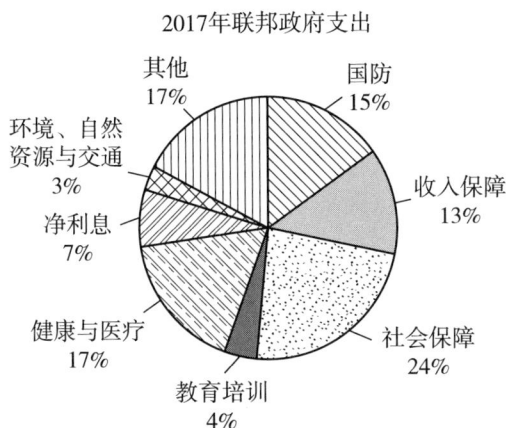

国防 15%

收入保障 13%

社会保障 24%

教育培训 4%

健康与医疗 17%

净利息 7%

环境、自然资源与交通 3%

其他 17%

2017 年联邦政府支出为 4.0 万亿美元

2017年州与地方政府支出

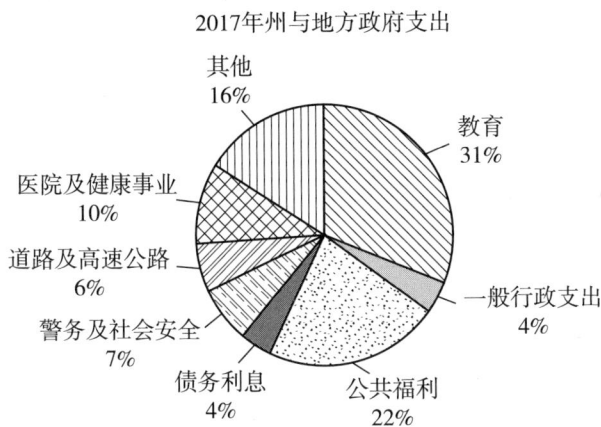

教育 31%

一般行政支出 4%

公共福利 22%

债务利息 4%

警务及社会安全 7%

道路及高速公路 6%

医院及健康事业 10%

其他 16%

2017 年州与地方政府支出为 3.1 万亿美元

图 12　美国联邦、州和地方政府 2017 年开支项目及所占资金比例

资料来源：https：//usafacts. org，www. whitehouse. gov，www. urban. org。

为利息，根据白宫发布的数据，2017 年联邦政府的利息支出（净利息）占总支出的 7%，州与地方政府的利息支出约占总支出的 4%，表明政府都靠借债过日子，借新债还旧债，寅吃卯粮，习以为常。对于政府的赤字不宜苛求过严，只要经济正常，政府的税收有保障，赤字会逐步减少，大家的日子总会慢慢好起来的。政府的财政政策关注的毕竟是国家中长期的利益，不能以短期赤字的多寡论英雄。

政府的税收不仅是政府开支的财源，同时也是政府干预市场的有力手段。从消费角度来看，政府的税收，是政府进行转移支付、社会财富再分配以及减少贫富悬殊的一件重要工具。

税收的原则很简单，首先是源头征税，凡是有收入的都必须纳税。当然政府的转移性支付或资助，如养老金、助学金、失业救济金等收入可以免税。换句话说，凡是上了税的收入，原则上都视为合法收入。另外的原则是收入越多，或者消费越多，税上得也越多。只要税收合理，不可能在短期内出现巨大的两极分化。税收具有强制性质，宪法保护政府代表公众的税收权力，逃税、拒税的下场不是罚款就是坐牢。

在美国，联邦税务机构分两大系统，国税局（IRS）隶属财政部，是财政部下最庞大的机构，共有雇员七万多人，有许多会计师、律师、经济学家和行政管理专家，负责关税以外的所有税收。另外，还有关务署（USCS）也隶属财政部，除了负责关税，还负责缉查走私和贩毒。

税收的原则虽然简单，但是税法及其规章制度却非常复杂。比如在何种情况下可以得到宽免，何种则不可，这些远不是一般人所能够搞清楚的。但是若能够利用一些现成的理由，合理合法地从政府的税法和规章中得到一定的税收抵免或宽免，无形中等于增加了企业或个人的一笔收入，因此，格外引起人们的重视。税收现在已经作为一门专业在学校里讲授。税收专家已成为一种职业，而且是收入很丰厚的职业，专门替公司或个人填报税单，提供咨询。报纸、杂志上也经常开辟栏目，教人如何合理避税。

因此，从原理上掌握一些有关税收的基础知识，对于了解税收与市场的关系，制定合理的税务政策是十分必要的。

18.

有关税收的基础知识有哪些？

税收按照课征对象可分直接税和间接税两种形式。

直接税指对自然人和法人所得课征的税赋，其内容主要有个人所得税、法人所得税（公司税）、社会保险税、遗产馈赠税、人头税等。

间接税指对商品和劳务的收入所课征的税赋，其内容主要有销售税、烟草税、关税、财产税等。

在美国，一般中央政府的财政收入以课征直接税为主（也有部分间接税），而州与地方政府的财政收入以课征间接税为主（也有部分直接税）。

税率又分为固定比例、累进与累退三种。固定比例税率也称单一税率：不论纳税对象收入有多大差别，都按同一比例征税，如社会保险税等。

累进税：最终纳税对象收入越多，纳税比例越大。累进税通常是分级的，即收入达到一定数额，税率高跳一档，如个人所得税等。

累退税：最终纳税对象收入越高，纳税比例越小。比如说间接税，税率固定在商品或劳务品上，与纳税对象的收入无关。收入高者储蓄高消费相对少，所缴纳的间接税税额占其收入的比例少，即穷人交的税比富人交的多。

一般来说，直接税中的所得税大多可设计为累进的，间接税则在一定程度上是属于累退性质的。

图 13 是美国政府 2017 年财政收入中各种税收的大致比例。

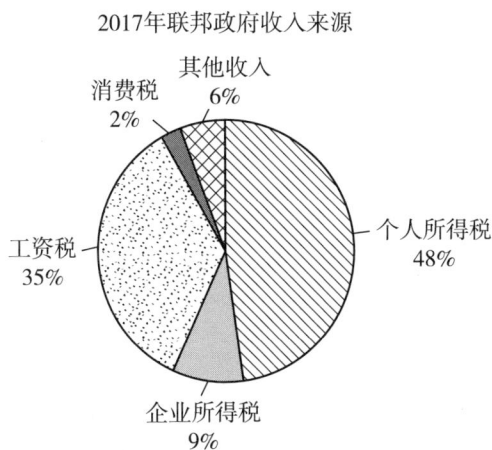

2017年联邦政府收入来源

其他收入 6%
消费税 2%
工资税 35%
个人所得税 48%
企业所得税 9%

2017 年联邦政府收入为 3.32 万亿美元

2017年州与地方政府收入来源

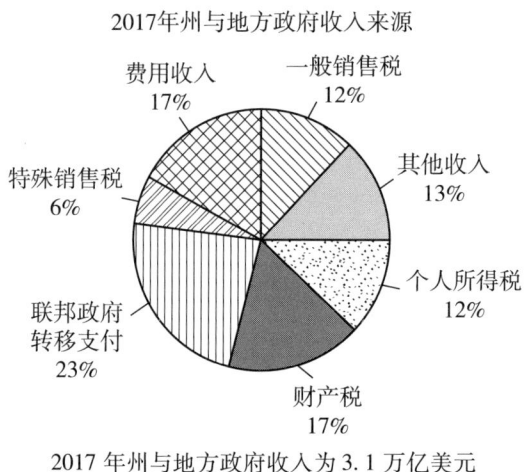

2017年州与地方政府收入为3.1万亿美元

图13　2017年美国政府财政收入中各种税收的比例

资料来源：https：//usafacts. org，www. whitehouse. gov，www. urban. org。

从图13中我们不难看到，美国联邦政府的税收主要来自个人所得税及工资税，其中工资税的趋势正在上升，而企业所得税，即法人税的趋势正在下降。州与地方政府的主要税收来自财产税和销售税，近年财产税的趋势在下降，而个人所得税的趋势在上升。

课征财产税和遗产税（以及赠与税）尚有必要，主要是在两极分化的国家，如美国和中国等。遗产税起征点一定要高，避免因伤及大多数人而引发反感，以致难以推行。遗产税主要是针对少数群体和个人，更多的是一种平均财富、抑制两极分化的手段，收不到太多的钱。如果起征点低，涉及面大，会引起社会极大的反感，甚至导致储蓄外逃和政府下台，联邦德国和日本都有先例。欧洲国家的遗产税属于退化的税种，许多州政府为了吸引投资，专门取消了遗产税的课征。

美国政府在财政开支方面，与其他西方工业国家政府所支付的内容及比例并没有太大的差别，这表明各国政府所管的事情都差不多。然而在财政收入的税收内容方面，与欧洲工业国家相比，还是有一定的差别。其中最为明显的是，美国没有增值税种，而增值税在欧洲相当普遍并在政府税收中占有相当的比重。美国目前对是否引入增值税尚有争论。

正确地开辟税种，制定税率及规定税盾（tax shield，指保护高收入纳税人缴纳的所得税不得高于其收入的固定百分比的限额），以便纳税人利用其进行合理避税，政府利用其引导投资或消费，不仅关系到政府当前的财政收入，而且决定了一个国家今后发展的前景及潜力，因此有必要对几个主要的税种做些说明。

个人所得税

个人所得税（individual income taxes）主要指政府对个人的工资收入和其他来源的收入，如房租、版权、专利、红利、奖金和稿费等，允许按规定做必要的扣除，将扣除之后的总收入作为应税收入，由个人填表申报纳税或企业代政府预先在发薪前扣税。

政府征收个人所得税主要基于两个目的：第一，为政府开支筹措资金；第二，对社会财富实行再分配。就第一点而言，每个消费者个人作为纳税者并不情愿向政府交税，既然交了，便理所当然地监督政府的各种开销，索取各种服务和保护，稍有不满，真会像责怪仆人那样对政府进行责难。他们的理由很简单，"因为我们花钱了"。"纳税人"这个意识在西方相当普遍，政府花纳税人的钱，也并不那么轻松。就第二点而言，政府作为多数人的代表对每个消费者课征税赋，也相当理直气壮。在这里政府扮演两个角色：其一，保护私有财富，保护私人投资的积极性；其二，对社会财富进行尽可能公平的再分配，避免由于分配明显不公平而引起的社会动荡。不管实际情况如何，起码没有一个西方政府敢于站出来，宣称自己是为保护富人利益而竞选的，因为那样做会失去多数选民的支持。美国的民主党比共和党在这个方面的色彩更浓，民主党执政时，总要加重税收，扩大社会福利，以便赢得多数选民的支持。税收过重，对极少数有钱人打击最重。美国历史上，个人所得税最高税率在1944～1945年富兰克林·罗斯福（Franklin Roosevelt）总统执政期间曾达到过94%。直到20世纪60年代中期，肯尼迪（Kennedy）担任总统，才将当时的最高税率从91%降低到70%。整个70年代美国个人所得税基本上是在14%～70%之间分级累进。随着美国中产阶层人数的增加，个人所得税的最高税率又一再被降低。80年代当里根（Regan）执政时，为了鼓励少数富人和多数中产阶层人士对经济投资，又将最高税率降低至50%。1985年里根税收改革新方案又一次将最高税率从50%降低到38.5%，分五级累进。

个人所得税最早实行时是采取预扣税形式（withholding

tax），由企业代政府从纳税人的工资中预先扣缴，后来随着纳税人的文化水平及报税知识的提高，逐渐改为预扣与纳税人综合申报相结合。个人报税有许多好处，可以从税法或有关规定的税盾中，通过"不予计列项目""个人宽免""个人扣除"及各种名目的"抵免"等优惠，减少报税或合法避税。政府可以利用通过立法及修改立法的方式，对以上内容、税率和税收挡板进行限制或修饰，从而达到引导私人投资或消费的目的。这件有效的武器，使政府在市场活动中作为调节者比它作为消费者或生产者而直接参与市场活动显得更为积极主动。

常见的政府税收优惠有鼓励风险投资，对其所失允许与其他所得一起报税，以便互相弥补。政府鼓励长期投资，对长期投资的获利只征收很少部分的税收，如美国对股票持有在一年以上才转让的收益，只对其 17.5% ~ 20% 的部分进行征税。政府鼓励个人买房和建房，对买房或建房的抵押贷款的利息，允许从税收中扣除。鼓励就业者接受职业教育或训练，对相关业余职业学习的费用实行税收宽让。鼓励参加退休保险，对这部分保险费或专项存款实行税收抵免。鼓励赞助社会慈善事业，对这部分费用实行限额免税。另外根据各国的需要，有的政府出于鼓励勤劳所得，鼓励外国投资，鼓励政治捐款，鼓励照顾老人，鼓励抚养亲属及儿童，鼓励生育，鼓励认购公债，照顾受灾损失等不同的目的，都在个人所得税的缴纳上采取一定的优惠政策。总之，建立税收制度，特别是要建立一个机制健全的个人所得税制度，有必要吸收和集中各国的有关优点。

法人所得税

法人所得税，即公司税（corporation income taxes），也称为企业所得税，主要指政府对有限公司年终结算的企业利润部分进行征税。政府对无限公司不征法人税，只征个人所得税，即公司所有者将公司收入的利润与个人的收入一并计入，向政府缴纳税款。为什么政府要专门对有限公司课征法人税呢？因为有限公司与它的所有者，即股东是两个不同的实体。股东随股票易手而经常改变，政府无法从课征个人所得税上得到稳定的控制。公司作为法律规定的"人"，即法人，与组成无限公司的自然人一样在市场上活动，获取利润，理应同样履行纳税义务。另外，有限公司的许多特权所带来的好处，如股东的有限责任，公司的生命可以超过人的寿命，所有权在股票市场上的变现性等，是无限公司所无法比拟的。

有限公司的利润落实到股东手里，中间要经过政府两次征税。首先公司要将其收入减去各种开支及政府允许的各种税收扣除，得到企业利润，按照规定对利润部分向政府缴纳法人税。若有分红，股东必须将分得的利润作为红利一并计入个人所得再向政府缴纳一遍个人所得税。相比只缴纳一次税的无限公司，有限公司向政府缴纳的税金要高得多。虽然总体上看，企业所得税，即法人所得税，在美国联邦政府财政收入中的比重逐年下降，但考虑到法人所得税的纳税户仅是个人所得税纳税户的约1/35，足以说明每个公司向政府缴纳的所得税远远高于任何个人所得税，仍然是美国联邦政府一笔不可忽略的收入。

对于法人所得税，各国政府也都设计了一些相似的税盾（tax shield）或庇护，作为政府调节控制企业投资方向的经济杠杆，同时也允许企业利用它们合法避税。这些税盾通常包括：①用于再投资的利润免税。②对银行贷款或企业债券的付息允许作为企业支出从税前扣除。③对于设备和其他固定资产的折旧，允许按照统一核定的会计方法进行税前扣除。④对于企业风险投资的失利给予一定的补偿，如容许企业将亏损部分"转回"（trace back）到前三年的利润中核算，这样做可以从税务局得到相应的退款，若还不够，还容许企业将亏损"结转"（carry forward）到今后七年的利润中一并计算。当然对具体的年限各国政府的规定是不同的。⑤对于从事利润低、风险大的资源性开发的企业给予特别的税收宽让。⑥对于公司的开发研制费或与大学的联合开发费用，允许作为开支一次扣除，也可以作为固定资产，通过折旧逐年摊入成本。⑦对于外资企业、出口外向型企业及小型企业等，都在税收上有相应优惠的规定。

在美国，各州也相继对企业开始征收法人所得税，但税率不同于联邦，往往是单一税率而不是分级累进。各州税率也不同，从5%～10%不等。若鼓励大家来该州投资，其税率会定得很低，甚至免税。对于跨州的企业，由跨州的税务委员会根据所得来源的原则合理分成。

对于跨国公司、控股公司的利润税收，各国政府也都有相应的规定并签有政府间的双边协议。

社会保险税

社会保险税（social insurance tax and contributions）主要指政府向企业（雇主）及个人（雇员）同时征收的一种税，用于发放人们的退休金、失业救济金和其他如工伤、残废、鳏寡等社会福利开支。社会保险税与私人自愿选择参加的退休保险、医疗保险或人寿保险的不同之处在于，它是一种税收，具有强制征收的性质，没有任何宽免及扣除。至于税率，各国的规定不同，大约在5%～20%，企业与个人各缴一份，个人交的与企业为他所交的金额大致相同。社会保险税由企业代政府在起薪前预先扣缴，个人不须填单报税，它采用单一税率，不论纳税人的实际收入多寡，都按固定相同的百分比征收，表面上看富人支付的比穷人支付的多，实际上都受最高应税额的上限限制。

社会保险税的另一个英文名称是 payroll tax，所以有人将其翻译成"薪给税""工资税"或"工薪税"等，容易被人错误地理解成另一种形式的个人所得税。在英文中 payroll tax 表示从工资单上直接扣缴的税收，强调没有任何宽免可以商量。社会保险税是 20 世纪 30 年代世界性经济大萧条后兴起的税种，在美国发展得很快，占联邦收入的比重仅次于个人所得税，其税率每年随工资的增加而自动增加。迄今在美国已有98％以上的工资收入者（包括个体和合伙企业者）缴纳社会保险税。

世界各国的社保制度有三大类：一是DB型的现收现付制，保费进国家账户，由国家统一调配，一般来说有节余，节余叫"社保基金"，由国家管理。由当代人的上缴保费来支付当今退休一代人的退休金。二是DC型的完全积累制，保费进个人账户，个人决定投资组合，亏了国家不承担任何责任。三是混合模式，如半积累制和名义账户等。目前绝大多数发达国家采用的是DB制。DC制在拉美十几个国家和英国部分前殖民地国家采用。中国的社保制度属于第三种。不论何种制度，以下几点事实普遍存在：

其一，缴纳与收益脱节。投保人收益受最高及最低额的限制，缴得多且时间长，不一定就能领得多。相反若满足私人企业投保期限10年，政府机构5年的基本要求，到了65岁的退休年龄，每个投保者起码可以受下限保护，领到一笔足够维持生活的退休金；

其二，个人所缴纳的部分虽然不可以避税，但企业为个人所缴纳的那部分最终会摊入成本，转嫁到消费者所购买的商品或劳务上；

其三，由于社会保险税强化了社会保险制度，减少了人们的担心，同时也降低了人们以往为防老而储蓄的热情，更多的人将这部分储蓄作为旅游或其他消费的资金。有人统计过，社会福利每增加一块钱，私人储蓄就会减少半块钱。储蓄的减少会影响到投资的减少；

其四，各国政府均面临人口老龄化的威胁。按照联合国的标准，60 岁以上的人口接近 10%，65 岁以上人口超过人口总数的 7%，该地区就进入了老龄社会。现在联合国正在制定和颁布新的老龄岁数标准。当第二次世界大战后赶上"婴儿潮"的这批人相继进入退休年龄时，相对少数的工作人口养活相对多数不工作人口的矛盾会变得更加严重，会使现有的社会保险制度因负担过重而发生动摇。当然这个矛盾可能会招致延长退休年龄（欧洲不少国家现在的退休年龄已经延长至 67 岁）及启用更多的如机器人来替代人类劳动者等办法；

其五，一些从事临时工作、家庭保姆及农业劳动的人口常常不包括在政府的社会保险范围之内。

社会保险税的设立对市场的直接贡献在于，它扫清了劳动市场中人才流动的后顾之忧，使人力资源能够在供求定律的支配下实现最佳的配置，同时保障了社会的稳定。

财产税

财产税（property taxes）主要指政府对个人的总财产按年度与个人所得税一起课征的税收。个人总财产包括"有形资产"，如房地产、汽车、宝石等个人财物等，另外还包括"无形资产"如，银行存款、各种证券和代表财富的各种单据等。

其中主要是指房地产，单这一项就占美国应税财产的约60%。

财产税在不少国家一直被作为地方政府财政收入的重要来源。在美国，联邦政府不征收财产税，在州政府税入的比例中，财产税虽然不可忽略，但其份额也有所下降。

课征财产税比课征其他税的难度大，一是因为政府难以精确地统计应税的基数，个人报多报少，政府很难去核实，偷税漏税的现象比其他任何税收都严重且普遍。二是因为房地产等有形资产的实际价值难以核定，究竟应当算资产的原值还是应当算资产的现值？另外，不出售也很难确定现在它究竟值多少钱。对于财产的估价完全取决于税务人员的主观裁定，没有统一标准，贿赂事件时有发生。对此，有的国家和地方政府专门设立了独立的财产（不动产）评估机构。

销售税、营业税与增值税

在理论上，销售税（sales taxes）与增值税（value added taxes）都属于消费税（consumption tax）。它们都是针对商品课征的，不是对人课征的，并且只是在消费环节才产生。不消费，不课征。

营业税（sales taxes/business tax，BT）主要指中国及部分东欧国家，对非生产性行业，即所谓的服务性行业，如商业、饮食业等征收的流转税，以营业额为税基。之后若企业还有利润，再缴纳所得税。政府所征收的税收称为营业税，用以区别生产性实体行业所缴纳的企业所得税。在西方，不论从事什么行业，企业作为法人的有限公司或作为自然人的无限公司，只要有利润存在都要向政府缴纳所得税，没有营业税，因此在英文的翻译上中文的营业税和销售税常常会出现混搭和错配。

其实政府对商品与劳务所课征的税收，不论发生在生产环节、批发环节或者零售环节，最终都将转嫁到消费者身上。营业税按每一次流转金额征税，重复计征。营业税、销售税不能与增值税同时计征。增值税在我国是价外税。增值税的税基累加到最终的消费，就是营业税或销售税的税基。营业税改成增值税，既简化课征的程序，又使征收实在且有据可查，还使一些企业的再投资可以在税前抵免，一举多得。

此外，西方的增值税是直接在原商品价格上顺加的百分比，与我们的增值税在意义上有所分别。多数国家对于出口或购买后携带出国的商品中已经交付的增值税或部分销售税，给予退税，以便鼓励出口。

在美国，联邦政府还直接就烟、酒、汽油、航空与电信，以及赌博和游戏机征一种特种税，或者称为国内产品税。其中烟、酒两项占全部特种税的46%，有人便称之为"劣癖商品"税，其实这种税收也是一种消费税，即特许权税（excise tax）。中国对于烟、酒等商品也征收消费税。消费税的特点在于，假若政府提高税率，所影响到的范围并不是全部消费者，而只是一部分人。

以上五种税收是各国政府财政收入的主要来源。另外，各国政府还会设计一些附加税或临时税，以备不时之需。在制定税种和税率时，政府应当考虑效益、公平和稳定的原则，考虑的重点不应只照顾增加政府的税收，而应侧重和鼓励市场的发展，否则无异于杀鸡取卵，断送国家的经济发展和自己的财路。

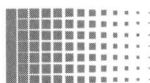

19.

什么是货币政策及货币形态？

如果说政府财政政策的实施效果，在于政府通过它的开支及税收政策来影响和改变消费者及企业的市场行为，从而为整个市场的发展创造及建立一个良好的投资环境的话，那么政府的货币政策的实施效果，在于为整个市场流通的媒介——货币，创造一个保证稳定供应的条件。

政府的货币政策（monetary policy）主要指政府通过货币体系来落实它的政策，具体来说，即通过应用货币政策工具，如调整银行利率、准备金率、贴现率、公开市场交易，及其他影响信贷的金融变量措施，来保证市场上有一个稳定的、或宽松的、或适度从紧的货币政策。从而间接达到抑制通货膨胀、稳定物价、减少失业和促进经济增长等目的。

货币的职能与形态

货币的职能

货币政策，万变不离货币。传统的货币定义有几种为人熟知的职能，如衡量职能、交换职能、延期支付职能、储藏职能，它们是货币的四个主要职能。另外还有人说，货币有记账职能和世界货币的职能。其实货币还有一种重要的职能，即投资职能，对于现代化社会这一职能显得十分重要，但在传统教科书中却很少有人提起。在最后这一职能中，货币主要被用来投资生利，而不是存储或储藏。这时的货币脱离了经济学原来定义的职能属性，已经变成了金融产品。但是没有真金白银的货币，这一职能根本无法实现，因此经济学谈货币不谈投资职能，就显得落伍了。

在小农经济时代，人们整日琢磨如何省钱、攒钱。在大工业经济时代，很少有人甘心把钱压在箱子底保值。除了购房收租投资外，几乎人人都把货币的使用价值暂时地让渡出去，作为资本或通过证券公司变成股票、债券等有价证券进行直接投资，或通过委托金融机构变成保单、信托产品、理财产品等金融产品进行间接投资，以期实现大于储蓄率的保值增值。而且金融机构，如银行、保险等也都在不遗余力地说服公司或个人客户，通过编制各种诱人的投资项目书，把他们的储蓄变成理财产品，通过分拆再分拆，抵押再抵押，为自己千方百计地赚取更多的利差。

难怪有人说，用钱赚钱是最高境界。离钱越近发财越容易。这也是为什么金融机构的从业人员工资比别人高。此种货币及金融创新的衍生品的投资，由于有多层嵌套，抵押加担保，加杠杆配再融资，技术性太复杂，通过名词创新绕过监管，游离于多个监管部门权限缝隙，令人眼花缭乱，经济学无法解释，政府监管部门也有时看不太懂，也管不了，这才诱发了某些国家的金融危机。

现在中国的做法，不按货币的职能，而是按政府监管部门的职能，即由人民银行监管货币和货币政策，由银保监会监管间接投资和政策，由证监会监管直接投资和政策，各部门分别监管货币作为投资职能的安全性、获利性和流动性。①

货币的形态

传统的教科书除了介绍货币的交换、支付、衡价、贮藏等职能外，总忘不了还要介绍货币的两种形态，即纸币与硬币这两种作为现钞（cash）典型形象的货币，它们也被称为通货（currency）。其实在现代化生活中，随着科技的发展，又涌现出几种新的货币形态，如支票、信用卡、电子货币、数字货币等。据美国联邦储备委员会的统计资料，2012 年底美国流通的纸币约有 1.13 万亿美元，当年非现金支付的交易总额为 1224 亿美元，其中以支票支付的总额为 183 亿美元，以信用卡支付的交易总额为 262 亿美元。另外，信用卡也是一种不用开支票

---

① 以上是一般原则，但也有特例，如银行理财和保险资管归银保监会管。

的货币，在美国尤为流行，甚至一个人可以有几种信用卡，信用卡的数目越多，表示该人的信用越好，越容易被市场接受。到了今天的互联网时代，市场上又出现了电子货币，出现了互联网支付等新形态。当然，网络支付的安全性也随之不断接受挑战和考验。这些看起来不是硬币和纸币那种传统的货币形态，但具有支付或互联网第三方支付职能的支付工具和业务，都在央行的监管和统计之内。

不同意将支票与信用卡等作为货币的学者认为，这几种东西虽然具有交换和支付的功能，但却不具有贮藏与计价的功能，所以不配被称为货币。这种见解未免过于迂腐和教条。按道理说，同时具备以上四种主要职能的，理论上才能成为货币。在实践中，我们讨论货币，更多的是为了掌握有多少货币可以同时流入市场的可能。

银行里的存款具有货币的存储职能，尤其是活期存款（demand deposit），可以随时兑现成现金，显然是货币。但定期存款（time deposit），尽管各银行均有规定，若提取款额超过一定数量需提前一段时间预先通知，但只要数额不大、用户认罚，不计利息得失，一般也可以转为活期存款来处理。因此，银行存款素有准货币（quasi‑money）之称。这些存款相当于现钞和硬币，具有很强的流动性。支票、信用卡、电子支付的媒介流动性也很强。这些流动性随时可以发生，政府很难监管它们的去向和流量，很难预测通胀压力。

在经济界，常见的货币形态有以下几种：

M0 = 现钞

M1 = 现钞 + 商业银行的活期存款

M2 = M1 + 商业银行的定期存款

M3 = M2 + 其他金融机构（如保险公司、养老基金会等）的存款

对于以上定义，英、美两国又各自有不同的解释。如美国有六种货币定义（M1、M1$^+$、M2、M3、M4、M5），英国有三种（M1、M3、M3）。近年来又有学者提出定义 ΔM，为净增货币。通常 M1 被称为狭义货币，M2 被称为广义货币。M1 指能够立即参加流通的货币，M2 包括未来能流通的货币，M3 则更多的表示财富。对于后两者，即 M2 与 M3 也可作为质押，向银行贷款去从事股票、债券投资或进行房地产投资（按理说，银行贷款严禁进入股市，不能短贷长投）。从某种意义上讲，投资也是一种流通，只不过这种流通与 M1 参与的纯消费的流通相比，对于通货膨胀的威胁不大，相反还有助于减缓通货膨胀的速度。金融当局之所以要定义各种不同的货币，其目的在于对经济和金融的动态有更精确的掌握和理解，以便拟定最适当的货币和信贷政策。

令人感到困惑的是，市场上个体消费者与企业自由选择货币的形态，特别是对银行存款类别的自由选择及对于提取存款的自由支配，尽管使 M3 的总量没有改变，但 M1 与 M2 的各自比重却经常变换着。当 M1 的比重大于 M2 时，表示通货膨胀有严重的压力，市民对银行存款能否保值缺乏信心。M1 过

重，对加剧通货膨胀的威胁很大，政府必须立即采取相应的对策。由于 M2 也很容易地转化为 M1 去参加消费领域的流通，有的学者，如货币学派的代表人物弗里德曼就对 M2 亦很重视，坚持认为应当将 M2 作为基本的货币定义。各国央行基本上都以 M2 定义货币。

银行与非银行金融体系（banking and non-bank financial system）

银行体制主要包括中央银行（central bank）与商业银行（commercial banks）两个层次。在中国还有政策性银行。

中央银行，一般是政府的货币管理机构，通常为国有，但有相当大的独立性。在美国，为了保证真正独立，其中央银行，即美国联邦储备委员会，至今仍坚持公私合营。政府任命其委员会主席，而委员会其他成员有相当一批人来自各州的私立会员银行。中央银行是政府的银行，同时也是其他商业银行的银行。政府委托中央银行制定货币政策，印发钞票，同时它也接受各商业银行，特别是会员银行的存款和承办贴现业务，向它们发放贷款。在行业上，中央银行代表政府监督、检查、指导商业银行的金融活动。

商业银行，一般都是私营银行，也有少数国家实行国营。它具有企业的所有特征，有破产、倒闭的风险，有利润指标，有分支机构，通常简称银行。

非银行金融体系一词常用来概括其他如储蓄银行、投资银行、储蓄与信贷会社、金融公司、保险公司、退休基金、证券公司、投资基金、邮政储蓄社和信托公司等具有专业职能的金融机构。其与商业银行的区别在于，它们经营范围较单一，所有的金融行为受到政府所颁发许可证的严格限制。

商业银行的主要业务不外是存款和放款，还有第三方服务与极为有限的资本金投资。它们赚的钱主要是存贷利差。在竞争的环境下，多数商业银行都把重心放在吸收存款上。存款是基础，只有积累到相当规模的存款，才谈得上放款与投资。商业银行是政府所批准的唯一能吸收所有形式存款的金融机构。它与常规企业不同的地方在于商业银行的原材料是货币，其产品也是货币，而不是有形商品。商业银行以固定资产和相当的固有资金为信誉后盾，以付出存款利息为诱饵，将吸收的存款转手以加成的利息，再贷给那些需要资金的企业和个人，从而赚取存款与贷款之间的利息差额。放款指商业银行作为债权人，对工业、农业、商业及其他行业提供贷款。贷款常以借款人的财产为抵押条件，若借贷方失去偿还能力，银行可以通过法院将借贷方所抵押的财产收为己有，因此风险较小。政府对商业银行从事投资的比例一般都有所限制。在现代化社会中，商业银行对企业的控制权越来越大，其主要原因并不是由于商业银行对企业的直接投资，而是由于商业银行为它们的顾客购买企业的股票和债券所附加的代理投票权和债权，以及企业为了解决流动资金或兼并收购，在商业银行进行资产或股权的直接抵押，使商业银行对企业的控制权越来越大。

商业银行作为股份制银行，有破产的风险。银行一旦破产，存款者个人就会蒙受损失，因此政府要求商业银行对每个存户的存款额度有一个最基本的强制性保险要求，以备银行一旦破产，个人存户可以从保险机构领取一笔大约50万元人民币，或数值大约相同的当地货币保险金。

在市场经济中，每个人都懂得利润和风险总是成正比，利润越大，风险也就越大。对于存款、贷款和投资都存在这样的问题。有了钱，若想保值或再发财，都不是一件容易的事，必须毫不懈怠地对待。

特别值得注意的是，当今随着计算机和互联网技术的应用与推广，多数消费者的工资收入都不和本人见面，而是由企业直接转到他在商业银行所开的工资户头上。为了扩大业务，提高服务质量，银行也乐于为存户提供结转房租、水电等日常固定开支，减少存户提款后再分项付款的麻烦，加上手机支付日益流行，大量的资金没有变为现钞，就已经从一个户头划转到另一个户头上。使消费者不论从安全角度，还是从便利角度考虑，都不愿携带或在家里存放大量现金，因此钱基本上都存在银行。电子支付的最大麻烦是断电，许多支付无法完成，因此消费者应当留有些现金在手里，以应不时之需。

这个重要的现象告诉我们，作为流通的货币 M1 乃至 M2，其多数集中在银行中，而不是像凯恩斯"陷阱"所描绘的在富人手中。另外的变化是，尽管进行储蓄（S）和投资（I）的决定权仍然在消费者手中，但是商业银行和投资银行等非银行的金融机构，都会为了赚取手续费或提成费，劝说客户购买各种金融产品，因此以往被认为不参加投资的储蓄越来越少。凯恩斯关于消费、投资和储蓄递减或偏好改变会影响就业的论述基础，也发生了改变。

有人曾精彩地将包括中央银行在内的货币体制及货币政策比喻为"水库"，当市场需要更多的货币时，它打开"闸门"将货币放出来，货币太多时，又将多余的货币收回去。在这其中，商业银行很像"水渠"，沟通了央行与市场的联系。

货币供应量

货币供应量（money supply），也称货币供给量，或称货币发行量，反映了市场上可流通货币的数量，一般指 M1，简写为 M。当政府失去信用，靠发行钞票来过日子，来扩大货币供应量时，此值以 M0 为代表，作为新增货币的发行量。在通常情况下 M0 表示市场上流通的通货总量。然而当通胀极端严重、新增货币压倒一切储蓄货币时，M0 因为直接产生倍数效应，会使其他一切 M 逊色，而作为货币供应量 M 的代表。

人们对货币发行量的理解，就是中央银行开动印刷机印制钞票。印得越多，钱越不值钱。对于市场经济国家，中央银行所发行的钞票都必须有商业银行的合格抵押品做担保，或者有财政部发行的国债凭证做担保。财政部的债券有未来税收作支撑，所以不会爽约和逃废。央行印刷的多余钞票只是作为替换市场流通的破损钞票，故不会乱来。这样做才能保证货币的稳定和央行的信誉。

在中国，通货膨胀常常与基本建设联系在一起，一旦通货膨胀严重，政府可以通过压缩信贷规模、削减基本建设项目来有效地治理通胀。而在西方，基本建设项目中，除了市政建设和公共设施建设由政府直接从税收中拨款外，其他所有涉及民用工业的投资项目，全部都是由私人投资，而且这部分投资要比政府的投资大得多。因此西方基本建设项目上得越多，通货膨胀率反而越低。这是由于多数货币都被项目投资吸引走，剩余的货币不足以冲击消费市场去刺激通货膨胀。

理论上，一个国家的 GDP 增加表示该国的财富增加，应当有相应的新增货币来帮助这部分新增的财富进行交换和流通。究竟这部分新增的货币发行量应该为多少？这个问题，无论在理论上，还是在实践中，始终没有人能给出肯定的答复。这里牵涉到很多有关对财富的定义和评估。比如某个画家的一幅作品，在他生前有人至多肯出几百美元购买，而他死后，同样的作品会价值几百万美元。这个新增的货币在两个不同的时期又该如何计算？总之，财富应当以市场的消费价值作为评估标准，其价格完全取决于当时市场上买主肯支付的最大金额。没有买主，再有价值的商品也分文不值。

因此，货币作为帮助财富在市场上流通的媒介，应当以货币的供应量这个定义作为讨论问题的基础。而货币发行量，即新印发的货币，往往用于替换已经破损的旧钞票来参加市场的流通。从统计角度来看，一个国家的正常货币供应量应当为当年国民生产总值的 20%。如在 20 世纪 90 年代前，美国的国民生产总值一直与货币供应量等速增长，第二次世界大战以来，货币供应量 M 增长了十倍，国民生产总值 GNP 的增长超过十倍。在美国采取量化宽松的货币政策之后，它们之间的相互关系发生了改变，如 2013 年 M1 的月平均值约为 2.5 万亿美元，M2 的月平均值为 10.7 万亿美元，当年的 GDP 为 16.8 万亿美元。

世界上的富人越来越多，个别寡头的财富甚至超过一些国家的总财富量。对于这种在短期内财富畸形的积累，社会上多数人不仅眼红，而且容易触发"左倾"思潮的蔓延，构成社会的不稳定因素。当代世界各国富翁的背后一定都有银行的影子。另外他们的致富与货币的宽松、企业的并购、资金的炒作，以及富翁们钻银行空子套取大量资金然后做坏账核销不无关系。

从某种意义上讲，任何国家的央行增加货币的供应量和流动性不可避免，因此通货膨胀在各国都存在。尤其在出现严重疫情和爆发经济危机时，各国政府都会通过量化宽松的货币政策，大量地向市场注水和投放货币，以换取社会稳定、民生维持和经济慢慢复苏。之后再通过央行的缩表及货币政策，减少央行的负债规模，适度地收紧银根，降低货币的供应量和流动性，来抑制通货膨胀。

20.

央行的货币政策工具有哪些？

不论是在一个国家，还是在世界范围，货币供应量逐年增加，而财富的总量却由于无法估价，导致相互间无法匹配，因此通胀是常态。中央银行对于控制货币供应量和流动性的作用，在于力争使市场上的货币供应量与市场的需求量相吻合。按照费雪 $MV = PT$ 公式，一个国家的财富创造总量 PT，应当与该国的货币供应量 M 乘以流动速度 V 的乘积相等同。为此，央行需要依靠以下几种经济手段来调整货币的流动性，来保证市场上总的货币供应量适中，从而达到干预通胀，或偶尔干预通缩，以及刺激经济增长等目的。

以下是中央银行干预货币流动性（liquidity）的几个有效工具，又被称为经济杠杆。流动性反映市场货币量充足与否。可以看 M0、M1 或 M2 等参数，货币的流动性同时也反映了市场上储蓄的变动情况。

准备金率

准备金率（reserve ratio）指银行接受存款后要按照规定，在发放贷款前预先扣除占总额一定百分比的那部分资金。这部分资金被集中起来，作为银行储备的头寸，以支持它们的资产和存款，满足存户随时可能提出的提款要求。这种准备应付各种要求而预先扣除的资金占每笔存款的比例，被称为准备金率。

尽管在实践中一家现代化银行通常需要用于应对日常业务的现金总额，并不超过其存款总额的2%，然而为了保障银行的商业信用，政府立法规定，每个商业银行都必须保证一个大大高于这个百分比的准备金率，并且规定这部分储备资金银行不许擅自挪作他用。至于准备金率的实际数额是多少，各国在不同时期的规定各有不同。

假若一笔100元的存款被存入第一个商业银行，法定的准备金率为20%。银行依法要扣除20元作为准备金，将余下的80元加利贷出去。不论借贷方如何处置和转手，这80元最终总会转到银行手里。当第二家银行收到这80元钱后，也将扣除20%的准备金率，即16元作为准备金，然后将余下的64元加利再贷出去。这样经过几家银行的转贷，把第一家银行与最后一家银行所贷出的款额总的加起来，正好是500元，其倍数恰巧是准备金率20%的倒数：100/20 = 5，说明放大了5倍。

可见银行利用自己的信用对外贷款所创造的货币的放大效应，即货币的乘数或倍数（multiplier），正好与准备金率成反比关系。直观地看，当准备金率为20%时，货币乘数为5，当准备金率为15%时，乘数为6倍多。这就是货币的倍数效应。

中央银行代表政府提高或降低准备金率，不仅可以调整商业银行的贷款政策，从而影响货币供应量M0，同时也可以调整资金放大之乘数。当中央银行使用货币制动器，控制货币发行量时，最猛烈并见效的做法就是提高准备金率。这时每改变一个百分点，都会迫使银行少放出许多钱，而每收缩一块钱，经乘数放大，在实际中会使货币供应量减少几块钱。相反的做法，当然也会产生相反的效果。可见准备金率像一个特制的"功率放大器"，任何信号都会产生放大或缩小两种效果。然而这个放大器在实践中却不能常用，因为商业银行往往用吞吐不动产的做法试图抵消它的作用，使其缺乏微调的功能，往往几年才能调整使用一次。在实践中用得最多的，还是以下几种调整手段。

贴现率

贴现率（discount rate）指持有者将未到期的证券或票据（如国库券、短期公债、短期商业票据等）到银行要求兑换现金，银行会扣除从贴换现金这一天到债券或票据规定到期日这段时间的利息。这种打折扣（discount）的比率（rate），是贴现率的本义。

发展到后来，贴现率专门用来指商业银行向中央银行借款的利率。由于资金短缺、储备金不足或为了增加储备金扩大信贷等原因，商业银行有时也需要向中央银行进行借款。其方式主要有两种：其一，将他们拥有的合格票据，向中央银行请求再贴现。再贴现不属于借款，中央银行吃进票据，兑出现金，贴现金额从付出的款额中预提。其二，将他们拥有的政府债券作为抵押，向中央银行请求借款，并按期支付利率。中央银行向商业银行发放贷款的利率，就是市场上所指的贴现率，其利率往往比商业银行向一般存户所支付的存款利息低，才使商业银行感到有利可图。

贴现率与普通商业银行的存贷款利率的本质区别在于，前者是中央银行硬性规定的，后者则是随行就市经过竞争而形成的。中央银行是银行的银行，它向商业银行提供贷款的目的，与商业银行向公众提供贷款的目的不同。中央银行不是为了扩大业务、增加利润，而是为了控制市场上货币的供应量。中央银行提高贴现率的目的，在于限制信用扩张和货币供应量的增长。其效果是收紧了银根，抑制了市场上的金融活动。若中央银行降低贴现率，则是放松了银根，扩大了货币供应量，活跃了金融市场的活动。一般情况下，商业银行的贷款利率总比中央银行的贴现率高几个百分点，这里面包括向中央银行交付的贴现率、本银行的管理费用和利润等。从这个意义上讲，中央银行颁布它所能调整的贴现率，在很大程度上能够影响市场利率的涨落。

贴现率对于货币供应量和利率的影响，虽然不如准备金率那样大，但却可以较频繁地调整。中央银行经常根据需要隔月甚至隔周调整贴现率。政府降低贴现率，暗示货币市场的资金供应量会变得充足，商业银行的贷款利率将降低，股票市场立即会高涨起来。从常规来讲，中央银行并不能拒绝商业银行，特别是会员银行的贴现权利和要求，降低贴现率，诱使众商业银行纷纷跑来借便宜钱，为此将会动用中央银行的货币贮备，有时甚至会迫使中央银行通过印发钞票的手段来满足市场的需求，这样将会导致通货膨胀。过高的贴现率又会抑制商业银行的贷款热情，丧失对市场的影响。有时候，商业银行的资金充足，其贷款利率并不受贴现率影响。中央银行提高贴现率，想收紧银根，而商业银行完全可以反其道而行之，依仗自己充足的资金，降低利率，放松银根，扩大货币供应，从而增加利润收入。这不得不迫使政府使用另一件有效的武器，即公开市场操作（交易），来主动地对市场进行干预。

公开市场操作

公开市场操作（open-market operation），又称公开市场业务，指中央银行在债券市场上公开买卖各种政府债券如公债或其他证券，去直接参与货币市场及外汇市场的交易活动，从而达到影响利率、汇率和控制货币供应量的目的。公开市场操作被认为是政府货币政策中最积极、常用、有效的武器。

对于货币市场而言，央行的正回购是放出一定规模的债券，回收资金；央行的逆回购是放出一定规模的资金，回收债券。央行的正回购是在收紧银根，央行的逆回购是在放松银根。不论是正回购还是逆回购，市场上的银根都会产生准备金率倒数的倍数效应。央行采用正回购或逆回购的公开市场交易，都不是为了获利。我们曾强调指出，政府的金融活动与它的财政活动一样，其目的都不是为了赚钱。政府要赚钱，那是最容易不过的了，谁都阻止不了，谁也竞争不过。

对于外汇市场而言，假若中央银行为了稳定本国汇率，防止预期升值过快，造成投机商在期货及期权市场上做多本国货币，待汇率高时抛出而获利，央行会大量抛售本国货币，收购外国货币，增加外汇储备。与此同时，央行会降低贴现率，来打消外国投机者们所期待的由于资金短缺而促使利率上升，从而带来汇率再次上升的念头。这样做既稳定了本国汇率，同时又保障了外贸出口不会因汇率过高而出现下降。在相反的情况下，央行会采取完全相反的措施，保护本国货币不被做空。这些央行直接参与货币市场或外汇市场的行为，都是央行公开市场交易的业务。

在美国，公开市场操作的政策由联邦储备委员会下属的专门委员会来制定。他们每月都要开会，每天都有交易，并定期向外公布会议和交易的结果。在特殊的情况下，他们会采取特殊的措施。如1987年10月19日世界性股票市场危机，美国道琼斯指数一天暴跌501点，创历史纪录。美国及其他西方国家的中央银行纷纷采取果断措施，经过公开市场操作，抛出大量资金，支持证券市场和证券经纪人，使他们没有因为资金短缺而破产。这一举动既解了许多企业、银行、保险公司及各种基金会因股票蚀本所面临的资金短缺乃至破产倒闭之围，又迅速恢复了股市及其他市场的稳定。他们没有重犯西方各中央银行1929年的错误，没有对危机袖手旁观，任其发展去酿成世界经济大萧条的灾难，说明各国政府宏观干预能力的提高与成熟。

当然这次货币干预，虽然帮助市场渡过难关，但过多的货币投放同时也埋下了20世纪80年代末、90年代初乃至今天世界范围内通货膨胀普遍抬头的伏笔。

总而言之，政府干预经济是常态，干预证券市场是非常态。政府放出货币去干预市场，必定会有副作用和后遗症，即通货膨胀。这些通胀若触发经济危机，还会造成失业率上升，从而演变成经济停滞型通货膨胀，俗称滞涨（stagflation）。

选择性信用控制

中央银行的货币政策除了以上三个控制货币供应量的有力手段外，还有五个被称为选择性信用控制的辅助手段。

道义上的劝告

道义上的劝告（moral suasion），亦称为"打招呼"，即中央银行对商业银行在放款、投资等方面给予指导或告诫。这种打招呼虽然没有法律约束，但仍然有相当的约束作用。面对央行要提高或降低贴现率的预期，市场会做出相应的超前反应，有时反而不需要央行采取真正的行动。

证券的杠杆限制

证券的杠杆限制（leverage or margin requirement），杠杆率指购买证券时，购买方必须实际付出的那部分最低、最起码的资金，比如总额的20%或40%等，其余部分可以由股票经纪人或银行贷款，由购买方分期连本带利地偿还。另外，杠杆垫头越少，杠杆率越高，风险越大，购买者贷款越多，一旦股票或债券升值，他赚的也就越多，等于借钱发财。相反，若亏本，这种买空卖空的投机者会变得一贫如洗、负债累累，连同借钱给他的银行或经纪人都会跟着倒霉。1929年股票市场崩溃，其中最主要的原因就是政府对当时的杠杆率没有限制，大家都买空卖空，把股票"炒"得过热，最后有人"撤火"，立刻引起连锁破产，多米诺效应导致整个股市坍塌。加上当时的中央银行执行死板愚蠢的货币紧缩政策，酿成世界性经济危机的大祸。从那以后，各国政府都对垫头采取了严格的控制，一般都在60%左右，最高时达80%。若降低自付部分，提高杠杆率会活跃股市，同时也会刺激泡沫，加速崩盘。中国2015年股灾的主要原因就是杠杆率过高造成的。为此，央行为了挽救经济，超常规地多次放松银根。这也不可避免地为未来的通胀埋下了伏笔。由于当时中国的央行没有控制证券杠杆的功能，此功能的监管在中国证监会手中，所以这次股灾与央行的货币政策无关，与多部门监管职能协调不力有关。

利息的上限

利息的上限（interest rate ceiling），主要指控制商业银行对定期存款所支付的最高利息。这样做将可以控制 M2 中定期存款的增长速度。定期存款的利率过高，会把许多原可用于发展住房等不动产的建设资金拐走，也会造成政府发行公债的困难。规定利息上限，还指对不动产抵押贷款的上限实行控制。贷款利息率若定得过高，大家贷不起款，将使建筑业蒙受打击，已经贷款盖房的消费者要多付出许多利息。相反，如果利息过低也会刺激房地产商把泡沫吹得过大。

分期付款的控制

分期付款的控制（control over installment），指中央银行对消费者分期付款来购买住房、汽车及其他大件商品所付定金的数额及还款期限进行规定。其中主要指住房抵押贷款的分期偿付。具体内容和要求，可松可紧，适时而定，但规定的权力始终由中央银行保留着。如中国央行曾警告商业银行，不许为中介及购房者安排首付的贷款，确保购房者首付款必须是自有资金，不能是银行贷款，就是汲取了美国 2008 年"次贷危机"首付为零的惨痛教训。

优惠利率的控制

优惠利率的控制（preferential rate），指中央银行对国家鼓励和扶植发展的行业及出口行业制定较低的贴现率和放款利率，提供优惠条件。

政府的货币政策与财政政策是政府进行宏观干预的两个有效手段，它们之所以有效，正是由于它们对市场有全面的影响，而且这种干预是间接的，而非直接的，是通过市场机制来起作用，而非对资源配置的强制性命令。它们的共同作用点都是市场。只有市场经济越完善，市场秩序越正规，政府的货币政策和财政政策的间接干预效果才能越明显。

在多数企业的印象中，政府财政政策的主要干预手段是税收，货币政策的主要干预手段是利率。它们最有效也最常用，好比两个水龙头，一个冷水，一个热水，只要调节适当就能洗澡。其实这种比喻不太恰当，因为不论是税收，还是利率，本身都具有高、低或松、紧两种对立的状态。只调节任何一个"龙头"，都会产生两种截然不同的效果。如扩张型的财政政策和收缩型的财政政策，以及宽松的货币政策和适度从紧的货币政策。美国的财政政策在社会中的反响一般不大，反而是货币政策的反响似乎不仅影响到美国本土，而且瞬息间会波及全球股市。例如美国决定停止执行量化宽松的货币政策，而提高利率，全球的股市就会跟着大跌。

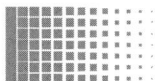

21.

什么是宏观调控？

政府宏观调控包括两个层面的内容，即调节与控制。调节就是政府通过间接干预，即通过货币政策与财政政策这两个龙头调节经济，以及通过供求定律、倍数法则等市场机制的放大去影响市场经济的运行。这种干预比较温和，不生硬，不会破坏市场经济的内在机制。控制就是政府通过行政命令，通过发文的方式，去主张什么能干，什么不能干。这种干预搞不好会严重干扰市场经济。

一个成熟的政府会有意识地避免用它那只"看得见的手"取代市场这只"看不见的手"来"登台表演"，只有当市场这只"看不见的手"失灵时，才去托它一把。一旦经济恢复正常，政府会马上退出。如2008年美国政府通过参股，对AIG公司暂时地进行国有化，避免金融危机的连锁反应，经济恢复正常就退出了。市场经济的主角永远应当是"看不见的手"。在市场竞争中，政府只能是裁判，不能是运动员。

政府进行宏观调控旨在"营造氛围"。首先是释放信号。如向公众释放政府准备采取"宽松的货币政策"、或"适度从紧的货币政策"、或"扩张性财政政策"、或"适当的财政政策"等信号,期盼市场按照信号口令,出现规范动作。其次才是采取切实的行动来"调节气氛"。如央行与财政部分别出台一些实在的措施,使市场经济成分中的企业和消费者,被迫地按照政府的预期采取一致的行动,去促进或抑制生产和消费,进而去促进就业或抑制通胀。

应当反复强调的是,政府对经济的调节,即政府通过货币政策和财政政策,对经济运行的间接干预,是政府干预宏观经济的常态。政府对市场经济的控制,即政府通过发文干预经济活动,是辅助动作。政府的直接干预绝对不能破坏市场经济的内在机制。

直接干预的做法,通常是政府各部门的发文和公告。在完全的市场经济体系中,政府部门很少发文指导经济运行。经济运行是通过立法完成的。没有上位法做支撑,政府部门不能发文,否则于法无据。

政府官员都应当通过层层培训,养成依法行事、照章办事的习惯。政府官员应当树立为人民服务,为纳税人服务的信念。他们应当知道自己是纳税人养活的,只要申请人合法合规,申请人不必看任何政府官员的脸色。如西方国家驻外使领馆的官员都怕本国公民投诉,他们提供优质的服务,因为深知自己面对的是纳税人。政府官员没有过多的自由裁量权,没有寻租空间。如果故意刁难申请人，人们可以投诉。官员与民众应当始终保持彼此客气、友好协商的沟通气氛。每个人都活得很有尊严。

自由市场经济有一些天然的弱点：第一，由于"凯恩斯陷阱"的客观存在，市场经济自身不能实现充分就业；第二，由于垄断产生超额利润，企业都自发地倾向垄断；第三，由于完全市场经济中的企业大多数是民营企业，若没有政府的利益引导和购买产品及服务，他们不会关注公共事业和公益事业；第四，自由市场经济不会本能地注意环境保护、社会保险和食品安全。以上四点是市场自身的弱项，必须由政府来规制，或出面控制。

另外，由于在市场经济中，个人信用不如企业信用，企业信用不如银行信用，银行信用不如政府信用。因此政府必须一言九鼎，说话算话。如果政府说话不算话，朝令夕改或自相矛盾，这个市场经济一定无可救药。

市场经济除了要对民众消费者和企业建立并完善社会征信系统外，政府对自身的诚信也要加强控制。一旦发现政府言而无信，或违规操作，或越俎代庖，给企业和消费者造成损失，政府就必须额外赔偿。只有重罚，方能抑制政府个别人员不作为或者乱作为的随意性。国家赔偿法应当涵括经济赔偿的内容，才能实现社会公平。

在建立市场体系的初期阶段，政府的调控作用主要体现在控制方面，即以控为主，以调为辅。在市场经济建立以后，政府应当转变职能，应当以调为主，以控为辅。政府的直接干预和控制应当关注以下几个方面：

对失业人口的控制

对于要建立市场体系的国家，一个最令人头痛的问题就是将面临可观的失业。其实这个失业，一直以隐蔽的方式存在于几乎所有的国有企业中，被叫作"隐性失业"或"在职失业"。据各种资料报道和分析，改革开放前我国国有企业人浮于事、机构臃肿，使其人员超编基本都在30%～40%左右。这个传统的低工资、高就业，以证明其因没有失业而优越于别人的人为假象，造成了企业普遍的效率低下和开工不足以及大量的在职怠工和"失业"。这种因行政原因造成并用行政方法可以控制的隐性失业，与隐性通货膨胀一起，在原有的经济体制内，并不会恶性发作，只不过时好时坏，就像一个人患了慢性病一样，挥之不去。

中国的民营企业在改革开放之后，勇敢地承担了社会就业的责任，为政府化解了2/3以上的传统行业的就业负担，功不可没。随着政府去杠杆、去库存、去产能和补短板、调结构等新战略的不断推出，随着虚拟经济对实体经济、特别是对商业地产和中间销售环节的挤压，许多过去已经在就业岗位上的人员又面临新的失业。这些都有待政府制定政策，从政府的财政资金中进行补贴，统筹解决。

对于垄断的控制

反垄断是政府的主要职能。国际上反垄断主要反四种形式：反托拉斯（Anti – Trust），反卡特尔（Anti – Cartel），反辛迪加（Anti – Syndicate），以及反康采恩（Anti – Konzern）。托拉斯指财务上有联系的企业群体，有共同的总部。卡特尔是松散的企业联盟，有价格上的攻守同盟。辛迪加由卡特尔发展而来，其内部企业各自是独立法人而且产品类似，但是由于通过大金融的兼并收购，使各企业的采购、生产和销售环节被辛迪加控制，各自丧失商业上的独立性。康采恩是形式更复杂的垄断，主要是指大的工商业、银行、保险、贸易机构、托拉斯等，通过花样繁多的兼并与收购（M&A），以控股公司的方式跨行业地对旗下的独立法人公司进行控制。因此，欧美政府反垄断，主要就是把目光死死地盯住企业的兼并与收购，没有批准不得生效。甚至政府有时强行分拆大企业，就是防止垄断的出现，防止垄断造成价格的上涨和刚性化。我国的企业重组、合并收购或混合所有制却还很少考虑反垄断的因素。

反垄断就是要监管价格"卡特尔"的联盟，防止他们通过兼并收购、通过所有制的"混合"，来营造价格的"刚性"，或供应的"短缺"，通过行业垄断优势的"铁饭碗"，从中获取高利，而损害消费者的权益。

对于发展公共事业和公益事业的控制

市场经济的活力来源于趋利，所谓"无利不起早"和"富贵险中求"，但是如果市场成分的每一方都采取趋利避害的态度，没有人去主持公正，没有人去照顾弱者，没有人去做投资周期长的公共事业和公益事业，那么这个社会最终肯定会一塌糊涂。因此，政府必须要挺身而出，通过税收来完成全民赋予它的社会责任。

政府对公共事业和公益事业的收费必须公平，必须调整时要经过听证和反复论证。对于取暖费、景点的门票等固定性消费的收费，必须严格控制价格上调，实在要调的，在一定时间内要限制次数。对于水、电、燃气、废水排污、市内交通、垃圾清理等随数量变动的市政工程的收费，要实行阶梯式收费标准，基础定价要就低不就高，以照顾收入不高的人。

另外有些公益性行业的运行，必须坚持国有成分的绝对控股，严防私人甚至外资的任性收购。私人或外资的主导会导致收费及变相收费行为随行就市，从而把这些关系到国计民生、处于垄断性结构中的刚性收费行业，作为他们经久不衰的生财之道，那将是整个社会的悲哀。

对于生态环境和食品安全的控制

政府要保护生态、治理环保和监督食品安全。市场经济不能自发地照顾生态、环保和食品安全。生态、环保和食品安全是每一位居民的生存权利，只能靠政府明确刑罚的严厉打击和管束才能实现。只有上升到刑事处罚的高度，人们才不敢胡来。仅有行政罚款，那只是隔靴搔痒。要让犯罪成本远远高于获利，才能威慑罪犯。

对市场结构的控制

市场结构本身就能产生利润，尤其是处于自然垄断结构、寡头竞争和垄断竞争结构的企业能攫取超额利润。从某种意义上讲，政府直接调控市场经济，关键就在于直接调控市场结构。

政府对自然竞争性市场结构内的企业，即大量的中、小型私人企业要采取鼓励和扶植的优惠政策，促进他们竞争。政府要严厉打击其相关部门私借由头，对这些企业的吃、拿、卡、要等腐败行径，设立巡检部门广泛征求意见和反映。同时要严厉打击黑社会收保护费和"站码头"的恶霸行径。

政府对自然垄断性市场结构内的企业，特别是在改革前处于邮电、电力、交通、石油等国营行业的企业，要限期对它们改组和"换血"，注入带有投资风险的社会资本，逐步让它们脱离自然垄断结构，加入其他市场结构去自由竞争和生存。政府应当只保留一少部分从事公共和公益事业的国有企业，存活在自然垄断的市场结构中。经过 40 多年的改革开放，一些原先在自然垄断结构中如建筑业、机械加工业等国企已经加入正常的市场竞争结构中，经受自负盈亏和自生自灭的磨炼。缩小国营行业，混合国有企业，推动市场竞争，才是国企改革的根本方向。

政府对垄断竞争性市场结构内的企业，主要是从事金融、保险等行业的企业，应当允许少数有经验、有资本的新企业来参加这一市场的竞争。在条件成熟时，甚至可以有限度地向国外开放部分市场，增加竞争的强度，让广大消费者在竞争中获益。

政府对寡头竞争性市场结构内的企业，要坚决打击任何有垄断性兼并或合并的倾向，鼓励其他中、小企业参加这一市场的竞争，鼓励国外同类企业与国内企业合资、合营，甚至独立投资经营，以便加剧这一市场的竞争。总之，政府对市场结构控制的目的在于鼓励竞争，反对垄断，反对企业依靠市场结构的优势搞不公平竞争，牟取暴利。

对政府管理权限的控制

政府的自我控制对市场的建立和完善显得尤为重要。政府不能事必躬亲，搞集权式管理。中央政府放权不应当是政府直接控制经济的行政性分权。其中包括两层意思：一是厘清边界，政府回归到负责监管和提供公共服务上，其他让市场去发挥作用；二是在此基础上，属于中央职能的事权就不该下放，属于地方职能的事权要坚决下放，之后中央不随意干预。总之，放权是经济性放权。

如果放权的思路不清晰、目的不明确，放权反而会降低效率，招致更多的腐败。其结果会把原来集中在上层少数人的官僚作风和腐败，变成了中、下层更大面积的官僚作风和腐败。中央政府要通过简政放权、商事制度改革和"轻徭薄赋"，调动中央和地方的积极性，提高效率，转变作风。通过"放、管、服"等一系列措施，最终调动企业的生产积极性，切实做到企业管经营，政府管市场秩序和提供公共服务。

从原则上讲，中央与地方各级政府都不能直接管理企业，即使是国有制企业，也要采取国有民营的方式。政府管资本不管经营，通过向社会招聘职业经理人，让企业脱掉国有色彩的保护伞，真正做到自主经营、公平竞争、自负盈亏。这样做不仅可以提高效率，而且可以减少职工依靠国企的"铁饭碗"吃"大锅饭"。民营企业就很少有下岗职工群体上访闹事的麻烦。

对于其他合法的私有、民营、股份制企业及合资企业，政府的任何机构都不能以任何理由进行克扣和刁难，若有不法行为，企业可以对政府机构进行行政诉讼并要求赔偿损失。在市场经济中，政府的角色就是裁判员，裁判员不能带着哨下场。政府也不可以插手企业生产和经营，破坏企业间的公平竞争。

这个原则应当通过立法来保障。要反复明确，政府只能管社会和规则，不能管生产和运营。中央与地方政府在公共设施、社会福利及教育等职业分工方面，应参照其他工业化国家的经验，争取做到分工明确、合作默契。对于以税收为主的财政收入，中央与地方应按照彼此各自的职责，搞事权管理。通过合理分税，把事权、财权和财力三要素合理匹配。对于财政支出，中央与地方政府都应当加强计划和预算，按市场发展的要求，不断调整比例，最终实现合理地管理国家，科学地调控市场。要做到以上诸点，首先需要中央和地方政府对自身的管理权限进行清晰的界定和控制。

对于履约的控制

市场的一切活动最后都是靠契约及合同来保证的。政府对履约的控制，主要体现在制定各种法律条款来规范这些契约和合同的拟定，并且通过法院监督各种民事合同及契约的履行来惩办违约行为。这也是政府在市场经济活动中的主要职责之一。离开了这一点，所谓维护市场秩序仅仅是一句空话。

对于社会保障的控制

政府的社会保险即保障系统，包括退休养老保险、基础医疗保险和工伤、失业保险等。这也是现代化政府进行直接干预的重要职责之一。保障是学术名称，保险是公共名词。社会保障的重点其实就是三个方面：养老保险、医疗保险和社会极贫人口的社会救助。政府相关部门的工作重点和考核重点应当集中在这三个方面。工业化国家与农业化国家的差别，除了农业人口在整个国家人口中所占的比重在3%~7%之间外，就是他们的贫困人口数量极低。地方政府负责这部分人口（包括难民）的最低生活保障。另外就是世界上有约170个国家的政府为本国国民提供了起码 9 年以上的免费义务教育。国际上通行的做法是，教育完全由政府出资，大约平均占 GDP 的 5%，而医疗和养老需要消费者和政府共同出资。但是只要政府重视并且下定决心，逐步实现对全体国民的免费教育、医疗和养老也是完全可以做到的。不少国家已经做到了。目前，教育、医疗和养老几乎是全体国民最为关心和焦虑的三个问题，他们希望能够体面地生活，没有后顾之忧。

为了实现以上目标，政府应对消费者和政府共同参与的社会养老保险和医疗保险基金在设立、使用、投保条件、税收优惠、被保险人流动后保险金的结转等方面进行详细的规定和审计。由于国企的财产是社会公共财产，因此要让国有企业的盈利以及反腐败所没收的社会公共财富不断充实到这些基金中去，使全体国民可以分享到改革和反腐败的成果，从而增加获得感。对于社保和医保基金，任何人都不得挪用，更不能从事风险投资。任何鼓励、审批和从事保险资金进入高风险行业投资而造成重大损失的人，都应当受到刑法的追责。

不论国有企业还是私人企业都要对所属职工向政府通过缴纳社会保障税来保证他们退休后的基本收入，而且个人的各种基本保费都要从起薪前扣除。把原有体系中只有一小部分人享有的铁饭碗的"优越性"，普及到所有国民，消除等级经济结构中人们迷恋国有企业并要当正式职工的"保险意识"。国家公务员、国有企事业单位的员工共同参加社会保险，而非实行双轨制，才能保证全体国民一视同仁，让所有人都在平等的基础上享受社会财富和改革的成果。这些伟大的目标，只能靠政府对社会保险的控制来实现。只有做到以上才能充分体现出社会主义制度的优越性。

对于税收的控制

税收和利率是政府干预市场的两个主要的经济杠杆。在正常市场秩序建立的过程中，税收比利率在调节方面的作用显得更为重要。政府利用税收，可以达到引导投资、抑制贫富悬殊、建立社会保险体系等目的。没有健全、合理的税收制度，特别是没有个人所得税的存在，根本谈不上宏观调控的杠杆，因为连作用的支点都没有。政府控制税收，首先要规范税收。政府要果断地改革现有的税收种类和税率。政府征税固然可以增加政府的财政收入，但这绝不是主要目的。政府管理的事情越多，需要的钱自然越多，对别人积极性的限制会越多，自己犯的错误必然也就越多。

任何政府都不能主动地去赚钱，更不应当为赚钱而去开辟新税种，去横征暴敛而伤害广大民众。但是，如果一个国家在短期内出现严重的两极分化，或出现金融寡头，那么有可能是税收系统出现了漏洞，让暴富者钻了空子，偷税漏税。或者政府在制定税收政策上出现了偏差，对他们根本无法征税。如有不少富人财富留在美国，赚钱却在中国。在中国，他们个人没有收入，没有财产，只有个人享受到的公司的消费，对于这些人，中国政府征不到税，美国政府却可以征到税。中国政府能够征到税的是广大有收入的纳税人。他们往往是中低层收入者。从经济学角度看，税收的设计功能之一，就是抑制人口和地域两极分化。政府应当通过税收和转移支付，把富裕地区或富裕人群的一部分财富转移到社会贫困地区和贫困人口手中。

其实，向成功的国家学习征税和管理的经验，应当成为发展中国家政府在起飞初始阶段所遵循的准则。如同一个人习字一样，总有临摹的阶段，功底打好了，才谈得上自由发挥和独创一格。因此，政府应当组织班子，研究成功国家税收方面的税种设置及实践利弊，设立合理的税种和税率，为市场的发展扫清障碍，为将来的飞跃奠定基础。另外，政府要强化公民的纳税意识。树立纳税光荣、逃税可耻的正面榜样。税收是所有人都不情愿，但又无力抗衡的公民义务。交给政府的钱越多，自己口袋里的钱就越少，对政府的服务要求就越苛刻。收税麻烦，交税更麻烦，需要一定的文化水平和税收知识，并要填写许多表格，附加许多证明材料。因此政府对于收入低的人群，应当采取不用个人申报的企业预扣税，对于收入高的人群，可以采取个人综合申报的方式。政府对于不同收入的纳税人群，应当采取区别对待和重点监管的策略，要杜绝税务部门定人情税的可能，缩小税务征管人员的自由裁量权。逐步养成每个公民和企业自觉照章纳税的良好习惯。另外，税收是用非暴力的方法建立相对公平合理的社会制度的先决条件，它不会自发产生，也不会天然合理，只能靠政府来调控和改革。

对于黑市的控制

黑市通常指地下经济，另外也指交易行为违规、收入不向政府纳税的市场。随着政府控制的松动和市场经济的发展，形形色色的黑市和地下工业也都会应运而生。这种黑市交易的特点，体现在交易人没有经过政府的合法注册，其交易收入也理所当然不向政府的税务部门申报。典型的黑市有私人的外汇交易，私下里从事各种文物走私的不法摊贩。其实官商、官倒及政府各部门本职以外的收入、任何公职人员工作以外的未报税的收入来源，都属于应取缔的黑市交易。黑市属于不法交易，应当控制和取缔。但黑市从另一个方面也反映了社会制度上的缺陷和管理上的漏洞，比如市场单一、供应短缺、工资微薄、价格双轨以及行政干预过深过广等。对于发展中国家，由于政府对市场和整个经济的不当或过度的行政干预，在市场上出现了一种独特的"寻租"现象，这也是一种黑市行为。

寻租的概念是 A. 克鲁格（A. Kruger）最早提出来的。它主要指当政府对某一正常的市场行为进行控制或许可管理时，能得到这一许可或能影响到这一许可颁布的环节，都可以从政府的规制本身得到超额的收入。寻租表示寻租者得到许可后，并不直接利用该机会或条件，而是把这一机会或条件待价而沽地转让和出租给那些真正需要的用户，从中牟取利润。这种"以权谋私"的行为，没有经过政府注册，也常常不向政府纳税，是一种地地道道的黑市行为。寻租增加成本，使资源由于不能通过市场合理配置而造成浪费，同时会使权力转化为金钱，造成官僚腐败，因此尤其值得控制。

以上几点是政府在市场建立和形成过程中，应当集中精力主要调控的几个方面，目的在于为市场的健康发展创造一个良好的发育条件和环境。当然，还有许多发展中的问题也需要政府出面干预和控制，如劳资关系（国家也可以是资方）、通货膨胀、城市规划等方面的问题也会层出不穷。大的问题把握住了，整个市场框架、轮廓就会形成。

但是有些问题，政府却不能控制或不能全部控制，如非垄断结构中的产品及服务价格、私人的消费及投资偏好、企业的管理风格等。这些都属于政府根本管不着的，或者说不该管的事情。对于价格，政府除了负责它所经营的那部分公共事业，如水、电、煤气、垃圾、污水和公共交通等行业的基本价格的制定外，在非特殊时期的情况下，对于其他一切价格都应当采取完全放开的政策，否则，整个市场机制就会紊乱，经济效益就会降低，资源配置就会错位。

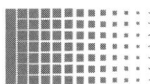

22.

市场经济有哪些优势和局限?

市场经济作为一种经济模式或经济秩序,同其他经济模式与秩序一样,并不十全十美,既有它独到的优势,也有它自身的局限。人们日常比较时,往往不是在好与坏、黑与白中挑选其一,而是从哪个好得更多一点,哪个坏得更少一点,哪个白得更多一点,哪个黑得更少一点的判断上做出选择。正所谓,两害相权取其轻,两利相权取其重。

市场经济有几个天然的优势,别人难以比拟。

市场经济有助于实现稀缺资源的合理配置

生产者决定优先生产什么,使用什么资源,完全取决于市场肯付出的价格。高价格的商品,大家都争着生产,资源配置也最为优先。低价格的商品,只要有市场,也会有人生产,生产者会千方百计地寻找最好的组合,充分利用生产要素资源的潜力(人力、财力和物力等),来实现成本最低,从而提高相对利润。自由的价格，只有在市场的模式下才能保证；充分的竞争，也只有在市场的模式下才能实现。只有实现了价格的自由和充分的竞争，才有可能实现所有稀缺资源的最合理配置和最充分配置，才能创造奇迹。

不论什么国家，受到过什么创伤，只要该国决定实行市场经济，立刻会出现商品丰富和质量提高的奇迹。二战后的德国和日本，"文革"后的中国都证明了这一点。同样道理，不论什么社会制度，只要它影响到市场机制，奇迹就会消失，资源配置就会产生腐败，经济就会重蹈短缺。

市场经济有助于实现企业收入最大化

企业的收入主要取决于产品的销售价格，而价格不仅取决于成本，更取决于企业所处的市场结构和消费者能够接受的水平。在市场模式中，价格是自由的，成交于供求双方所能接受的均衡点。在这一点上所对应的价格，能保证企业的收入最大化。如果价格受到控制，企业的收入必然要受到影响。

市场经济有助于提高产品的质量，丰富产品的种类和保证产品的供应

在市场经济模式中，消费决定生产，各个企业都是根据自己对市场需求的预测，在价值机制的指导下，确定产品品种、安排生产数量以及制定质量标准。各企业之间没有计划协调，宏观上可能出现标准工业品及日常消费品的局部重复和生产过

剩。这种表面上的无政府和资源浪费，成为许多人对市场模式攻击和批评的主要理由。然而，这种少量产品的重复和过剩，造成企业之间在产品质量、品种、价格、数量和交货期等方面的激烈竞争，有利于消费者对各方面的挑剔，而正是这种"挑剔"促进了产品的创新与进步。另外，对于大宗工业性产品，由于不是先生产后推销，而是先签合同后生产，因此不会出现大宗的重复生产及资源浪费。市场模式为供求双方提供了双向选择的可能，淘汰用户不欢迎的产品和生产厂家，使产品质量、数量、品种和价格都能够满足市场消费的需求和标准。

市场经济有助于保护自由

没有市场，生产者就没有选择生产要素和资源的自由，消费者也没有选择职业、商品、业余爱好和投资储蓄的自由。总之，没有市场，生产者没有生产行为的自由，消费者也没有消费行为的自由。从管理角度来看，西方市场经济反对集权的管理方式，要求分权，这种要求符合自由和竞争的原则。竞争实际上是一种带有比较和淘汰性质的选择，要求竞争者在入选前首先有充分表现的自由。市场就像一个舞台，给大家以自由竞争和相互选择的机会。

市场经济有助于促进科技的进步和财富的增加

人类除了文明程度会随着知识普及水涨船高外，社会进步也有两个显著的标志，即科学技术水平提高，以及财富和消费水平的提高。只有这两个水平同时提高，才是真正实现了社会进步。一个国家，一个民族的生活方式和语言才会被他人积极地效仿和学习。

苏联和前东欧的计划经济、命令经济模式，尽管可以集中精力，通过举国体制办大事，即利用集中的人力、物力和财力，能够在很短的时间内提高科学技术和军事水平，但却无法大力改善本国人民的生活消费水平。再有，石油输出国组织的"照搬模式"，以及"交钥匙工程"，尽管可以通过全盘引进西方的技术、设备和管理，利用本国丰富的石油资源，在很短的时间内把本国人民的生活水平提高，但却无法提高科学技术水平，其原因都是由于没有机制健全的市场经济。

西方工业国家，其经济发展并没有什么诀窍，就是依靠机制健全的市场经济。市场经济的特征在于消费导向，在这一导向的作用下，产业结构容易趋于合理，基础科学与应用科学的发展容易趋于落地，从而容易做到科学技术水平与人民生活消费水平同步提高，促进社会进步。

市场经济自身不可克服的天生局限

市场经济残酷无情，只讲价值，不循人情

在市场模式中，一切都商品化了，包括有感情、有思维的人，这就是人的"异化"。每件商品上市之前，都要问一问，其原因是什么？其价值是什么？有能力、有本事的人喜欢市场，希望自身的价值在市场上得到承认，并得到一定的回报。

没有价值的商品，市场不会买账，即便有人情作祟，也难以长久，迟早要被淘汰。在多数情况下，人与人的关系变得简单而实用，除了金钱就是契约。有了争执，说不通，就上法庭。法律的触角延伸到人类生活的各个方面和角落，使人情变得越来越淡泊冷漠，友谊变得越来越珍贵。

市场经济只讲竞争与自由，不讲收入平等和社会公平

市场经济讲究高度自由与高度竞争，尊重优胜劣汰的"丛林法则"。竞争如田径赛跑一样，运动员苛求自由与平等的起跑点，而不是终点"收入"的平等。尤其在私人企业的工资收入上，男女同工不同酬。即使在男人之间，同等学力、同等经历、同等职务或同等工作也不一定是同等收入。如果说市场讲一点平等的话，那只是平等的竞争机会。

在市场上，各个企业的收入都不一样，每个人的收入和待遇在合同规定中也都不同。供求定律讲究每个人在签订合同时讨价还价地充分摆明自己的价值。工资收入被归为个人隐私，对公众保密，只有少数人掌握。众所周知，一旦这些信息被别人了解，平等思潮所引起的攀比会把整个市场搅得不得安宁。

市场经济不保护弱者

竞争的规则并不因对手的强、弱而改变。有能力的人、青年人多喜欢市场模式，在那里有更多的升迁或发财的机会。懒惰无能的人、滥竽充数的人、年老体弱的人以及残疾人都是市场竞争中的弱者，不会受到市场本身的照顾。市场对于

他们是地狱，而非天堂，会引起他们的普遍反感和冷漠。政府的社会保险和福利制度，可以对那些年老体弱和因残疾而丧失工作能力的人给予适当的补助和照顾。对于那些可以干好，但在原有的"大疗养院"系统中习惯吃"大锅饭"而跟着混的人，市场是一种鞭策，或者弃旧从新，赶上时代的步伐，或者执迷不悟，遭到社会的淘汰。市场不照顾弱者的另一种表现形式是，市场不会理会失业者的悲惨处境。失业者多是市场竞争淘汰下来的弱者，如果没有政府的干预，市场不会自动实现充分就业。

通过转移性支付救济弱者是政府的职责。政府不能救济好吃懒做的懒汉。"救弱不救懒"是政府应该坚持的原则，否则会造成社会不公，出现"希腊现象"，即形成全民都不好好干活，很多人宁可躺在海滩上晒太阳，等待欧洲救济，不愿工作，却不断示威游行，要求高工资和高福利。政府应当救急不救穷，鼓励以工代赈。政府一味救济穷人，会滋生懒人社会，是社会不公。

市场经济尊重知识，但更偏爱冒险

有知识的人，主张走市场道路的人，并不一定都会受到市场的恩惠。能发财的人并不一定都有知识，尤其在中国经济改革的初期，许多没有知识，却敢冒险、不怕走歪门邪道的人成为暴发户，曾一度引起人们的眼红，认为市场不公平。大多数万元户并不是清华、北大毕业的，他们敢于冒险，讲义气，具备"契约"精神，淘了第一桶金。敢冒险和讲契约，这两点恰恰是市场经济最看重的特质。

其实在任何国家的市场初期阶段，能够一下子发达起来的人，少有靠劳动致富的，而且有知识的人所占比重并不大。他们有了钱之后，会重新上学，完成学历，或是把孩子送到名牌学校，成为有知识的接班人。市场是冒险家的乐园，有知识的人可以有相对优越的地位和生活条件，但不一定都能发大财。

市场经济产生商品化的文化艺术和道德观念

这里主要以崇尚金钱价值和保护私有权益为主要特征。在市场模式中，人们消费的只是商品和劳务，任何文艺作品都必须以满足不同消费者的口味及消费者肯付出的最大代价作为创作的基础，否则就没有艺术家的饭碗。以往那种为宗教和帝王所创造出的歌功颂德和粉饰太平的文化艺术不复存在，连同那个时代为维护宗教和帝王大一统利益所衍生出的支配人类各种行为的道德观念，一起云消雾散，换来的是以保护个人私有利益及不侵犯他人利益为宗旨的道德规范。市场经济不造就令人效法的英雄模范，人们只以金钱作为衡量价值的标准。为了弥补人们在物质消费之余的精神需要和对传统道德观念的留恋，在西方，传统的宗教提供了各种服务，扮演了平衡商品化社会各种利益冲突的角色，大家在唯一可以不谈钱的地方，谈论一些如正直、善良、爱护环境、教育后代、反对战争和助人为乐等高尚的话题。政府也应当站出来，倡导积极向上的话题，维持社会传统的公序良俗，加强对社交媒体和自媒体的监督，培养社会的正能量。

23.

市场经济中有哪些常见的参数和名词？

消费者物价指数

消费者物价指数（consumer price index，CPI）也称居民消费指数或零售物价指数，表示在消费环节零售物价变化的幅度。这个指数的"出镜率"很高，常常用来衡量通货膨胀。然而多数人对它的理解并不准确。特别是不少人抱怨，楼市上涨了几倍，CPI 却没有反应。CPI 的统计采样来自有关部门对人们的衣、食、住、行、通信、教育、医疗、旅游、娱乐、设备购置等几个主要消费层面的零售商品的价格涨落百分比。其中住房统计的是租金，而非代表财富的房价。例如 2019 年 CPI权重构成，如图 14 所示。

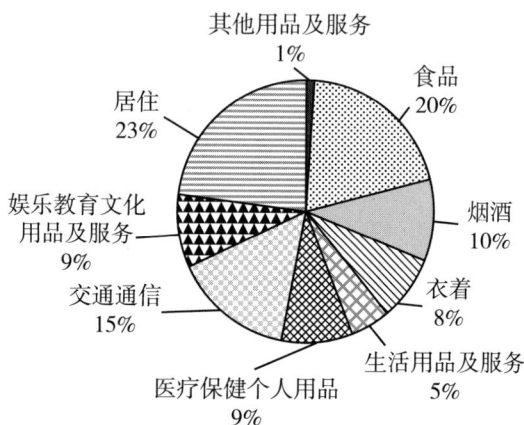

图 14　2019 年 CPI 权重大致构成

资料来源：国家统计局、彭博经济研究。

CPI 代表通货膨胀。若上升，表示物价上涨，老百姓紧张。若连续三个月下降，有人称其为通缩，政府紧张。CPI 正常的波动范围应当在 3% 以内。在当今全球货币处于普遍宽松的条件下，其实 CPI 达到 5% 也属于正常范围，没有必要设定严格的警戒线而引起社会不安。

生产者物价指数

生产者物价指数（producer price index，PPI）表示在生产环节工业企业产品出厂价格的变动程度，一般统计生产企业购买一揽子商品及服务的总体费用。与 CPI 一样也是每月统计一次，四个月修正一次。PPI 的上涨，表示原材料端的成本增加，最终一定会通过商品转嫁并传导到消费者身上。PPI 与通胀之间存在着正相关性，因此很多人习惯从 PPI 上看 CPI 的预后。

PPI 又分为完成、中间和原始三个阶段。因此包括了成品、半成品和原材料等几大类 3000～4000 种商品的价格信息。

经理人采购指数

经理人采购指数（purchasing managers' index，PMI）一般又分为制造业和服务业两类，也有细分建筑业的。经理人采购指数以 50 为分水岭，又称荣枯线的临界值，大于 50 表示经济向好，小于 50 表示经济缓慢前行或下行。经理人采购指数反映了企业开工生产的动力。企业没有信心，就不会采购，因此荣枯线是经济预测的先行指标，经常被媒体提到。对于政府部门、金融机构以及生产企业做经济预测和商业分析，注视荣枯线的变化很有意义。PMI 与 GDP 有高度的正相关性，通常有几个月的提前量，可以作为判断经济走势的依据及分析经济运行的重要指标。

通货膨胀率（inflation rate）

通货就是钞票，就是货币。通货膨胀有两个因素，要么钞票印多了，导致汇率下降；要么供应短缺了，导致物价上涨，其共同的结果都是货币贬值。衡量通货膨胀一般参考三种价格指数，即 CPI、PPI 和 GDP 价格折算指数。通货膨胀还有一种表现形式，就是汇率贬值。有时因为前期供应丰富，压库率高，耐用消费品物价暂时没有明显变化，但是汇率发生了变化。尤其在黑市汇率变化更大。汇率对于通货膨胀是非常敏感的客观指标，反映了本国民众和外国投资者对该国经济形势的判断。

一般来说，富人和富国怕通胀，穷人和穷国怕失业。如果通胀十倍，抛开不动产，富人的 3 个亿存款，变成了 3000 万，穷人的 3 万块变成 3000 块，富人的损失比穷人大。一般来说，物价涨一倍，工资也涨一倍，GDP 的增长率就会相应按比例翻番，但存款贬值，会损害退休人群的利益。对于中产阶级为主导的民选政府，由于政府怕丢选票，因此还是惧怕通胀。通货膨胀经常与经济增长并驾齐驱，呈正相关变化。

通胀使物价上涨，人们会要求增加工资。当工资与物价同步增长时，银行的存款贬值。当然银行也会提高存款利息，但实际上不可能抵消通胀上涨的幅度。工资的提高会造成生产成本的上升，物价将会再一轮地上涨，以至于恶性循环。应当注意的是，在国民生产总值中所创造的财富有相当的部分属于消耗品，被人们在当年消耗掉了。若为交换和支付目的，等值印发货币，将难以同时消耗掉而势必造成积累型通货膨胀。另外，西方私人企业的投资，为了占税前还贷的便宜，多数企业都采取向银行借贷款的方式集资，这部分钱在实际中是没有对应财富相等价的，只有当产品销售后，这部分预先支付的货币才可以真正赋值。否则，若企业失败，这部分预支的钱会造成事实上的通胀。当然银行会把这笔钱作为坏账处理，损失就由银行背负了。

从现象上看，在生产总值增长的过程中，通常会伴随一定程度的通胀，至今世界上没有一个国家可以幸免。货币学派认为，通胀纯属货币现象，即因货币供应量不适当的增加而引起的。实际上通胀是由于货币没有被适当地引向投资，反而去冲击了商品市场所造成的。

西方理论界有人认为，1%～4%的通胀率较为合理，即使达到5%也属于温和与正常，保持一个轻微的通胀率对于刺激消费有积极作用，从而有助于生产和经济增长。欧洲央行把CPI增长2%定为理想目标，2%之上称为通胀。若连续三个月CPI在2%之下则称为通缩。他们认为通货紧缩不利于对投资和消费的刺激，不利于就业的增加。欧共体的通胀与通缩标准可以借鉴，但绝对不应照搬，尤其是对于中国经济要求实现全民奔小康、对GDP发展有要求保持6.5%以上的特殊时期，以2%划线定义通胀和通缩是绝对荒唐的。通缩在多数情况下是纯粹的货币现象，尤其发生在经济萧条的阶段，央行一发行货币，立即就会得到缓解。单独把通缩作为调控目标也绝对是错误的。把通胀与通缩作为一对矛盾，而不是把通胀与失业率统筹考虑，是许多经济学初学者易犯的错误。

在经济学中，通货膨胀的对立面是失业率。通常通胀高失业率就低，反之亦然。这符合菲利普斯曲线所描述的普遍客观规律。通缩完全是货币现象。通缩作为专业名称，主要反映的是1929年由美国股市崩盘引发的全球恶性经济危机。由于是首次发生，以美国为首的欧美央行教条式地把控货币，而没有采取放松银根的对策，结果造成了现金为王的严重通缩现象。

从那次惨痛的教训之后，再遇危机如 1986～1987 年及 2007～2008 年几乎每十年爆发一次，各国央行都吸取了教训，都拼命地利用量化宽松的方式不断放货币。所谓量化宽松就是放货币的雅称。只要保证货币流动性不中断，企业及银行等金融机构就不会因为资金链断裂而破产，危机就都能平安度过，因此今后根本不可能再出现真正的通缩。

当然，若长期出现两位数的通货膨胀率，对于一个国家的发展也将是十分有害的，这时需要考虑货币改革的问题。在通常的情况下，通胀与失业互反，通胀率过高时表明该国的经济过热，央行有可能用提高利率的办法，停止量化宽松的货币政策，来为经济降温，以期减少货币的流动性，并且以此吸收存款，减少货币对商品市场的冲击。应当肯定，提高利率对于抑止通胀是有效的措施，但不是积极的措施，因为提高利率会打击投资者的投资热情，降低企业清偿债务的能力，从而增加企业破产的风险。作为央行，明智的选择应当是首先用提高银行准备金率及公开市场交易的手段去减少货币供应量，同时为刺激人们在资本市场投资创造条件。这样既解了货币冲击商品市场之围，还保持了经济增长的势头。

我国有不少经济学家一谈到通货膨胀，就是三个传统的解释：①成本推动或需求拉动型。②随着进口通胀国家的原材料而引起的输入型。③由于工资攀比等原因而造成的结构型。却很少论及垄断等其他原因造成的通胀，真应当与时俱进了。

其实造成通胀的其他原因还有：①妖言惑众型（如谣言会带来食盐涨价）。②垄断型（2008 年的通胀始于某食品协会的价格联盟）。③投资失误型（当自有资本为30%，银行贷款占70%，项目失败，货币就失去等价物）。④战争破坏型（战争造成废墟，失去财富作等价的通货就是废纸）。⑤外汇占款型（创造了一份出口财富，但由于强制结汇或出口补贴诱导结汇，出现了内汇与外汇两份货币）等。其中"垄断型"的通胀最为可怕。

值得研究的是外汇占款型通胀。在中国或其他实行外汇管制的国家，如果政府强制要求或利用出口补贴来达到使出口企业完成事实上的强制结汇，即政府把外汇拿走，给出口企业国内货币任其流通，这时便会产生所谓"外汇占款"形式的特殊通胀。通常有多少外汇储备，乘以汇率，就已经产生了多少通货膨胀。当然央行可以采用对冲操作的手法，将此通胀化解。实际上这是企业创造了一份财富，社会流出了两份货币，一份内汇，一份外汇。内汇产生的通胀被全体国民消化吸收了，尽管这部分外汇实际上属于全体国民，但实在的外汇被政府的外汇管理部门拿走了。由于这部分外汇已经套现过人民币给出口企业，因此不可能再二次套现成人民币，在国内做扶贫减灾或用作它图。这部分外汇只能用在国外，可作为亚投行的资本金，也可以用于"一带一路"的开发建设，更可以支援非洲友好国家，当然最好还是拿去购买国外的稀缺资源、不动产或国内缺乏的高科技技术。

恶性通胀，根据 P. 卡甘（P. Cangan）的定义是月通胀率为50%，年通胀率为600%，而且持续一段时间。一般来说，每年通胀增长在10%左右被称为温和型通货膨胀，各国问题都不大，这在欧美国家曾经很普遍。但是不消说月通胀达到50%，即使年通胀率到达50%，各国的国民和政府就都会因财富急剧贬值而吃不消。

失业率

失业率（unemployment rate）反映了一个国家的就业水平。其数据采集于各国劳动力市场上职业介绍所登记的申请工作人数与该国适龄劳动人口总数相除的百分比。有的国家规定，在一周内没有就业，但能工作并寻找过工作，或正在等待雇主召回工作，或在三十天内能到新岗位报到的公民都不算失业。在中国，新毕业的大学生、农民工以及虽然下岗但没有上过失业保险、没有去政府的相关部门领过失业金的人员，也都不在政府的失业率统计范围之内。

政府一般每月公布一次失业率。现代经济理论普遍认为，充分就业的实现只是一种理想，实践中很难做到，而且也没有必要做到。保持一定的失业人数，对于促使在业的劳动者改善劳动态度和生产技能无疑都是有益的压力。不少人认为，当失业率达到4%～5%时，充分就业就已经实现。若失业率长期高居两位数而不下，就值得社会认真对待。

如果说富人更怕通胀，那么穷人就更怕失业。二十年前，夫妻若双双下岗，立即会觉得走投无路。今天大家的生活水平提高了，一旦短期失业，亲戚朋友可以帮衬。另外，城市出现了"啃老族"，缓解了政府的失业压力。当然政府的基本生活保障和医疗保障如能跟上，自然会从根本上化解失业危机。

迄今为止，中国不存在西方经济学意义上的失业率危机。农民工不失去土地，不进城落户，就没有必要计算他们的转岗率和失业率。中国其实本来就不存在为了保证就业率，年年要保百分之几经济增长的压力。当然随着城镇化的推进，此压力会逐步显现，因此，应控制城镇化的节奏。政府的城镇化建设，会使一些待业人群转入失业大军，增加政府的财政支出。一般来说，中国的农民工、墨西哥在美国飞来飞去的季节工（season's worker）都不应当在政府统计的失业率范围内。

传统的观点认为，失业率过高，容易引起示威和暴力，破坏社会稳定，因此是最危险的信号。不少政府对失业率的敏感程度甚至大于其他任何经济指标。二战后的经验表明，欧洲不少国家曾经几年保持失业率一直在两位数的水平，也没有发生任何问题。不过失业率高是一个国家经济衰退的首要标志。当失业率过高时，公众会担心政府将提高税收，以便增加社会救济。提高税收将直接影响企业的收益，进而挫伤公众的投资热情，整个经济会因此而受到影响。

经济增长率

经济增长率（economic growth rate）反映了一个国家的经

济增长速度。经济增长率是末期国民生产总值与基期国民生产总值的比较。以末期现行价格计算末期国民生产总值，此增长率是名义经济增长率；以基期价格计算末期国民生产总值，得到的是实际经济增长率。政府一般按月公布国民经济增长与工业生产增长指数。衡量此值时，一定要扣除通货膨胀的物价上涨因素才有实际意义。经济增长率并不是市场的直接指标，但它对于资本市场和劳动力市场等有很大影响。经济增长率反映了国民生产总值的增长速度，却不一定能反映社会的实际富裕水平。总值增长快，可能带来过于严重的环境污染，破坏生态平衡。因此，经济增长速度不应成为政府进行宏观调控的主要指标。有的国家为了控制通胀，甚至不惜暂时牺牲一些速度。有效的增长速度只有在市场制度健全的条件下才能实现。经济增长率应当与人口的增长速度挂钩，并保持一个固定的适当比例，才能保障人民的生活水平不断改善。通常的看法是，如果人口的自然增长率在1%左右，合理的经济增长率应在2%～4%之间。这样做有利于将失业率和通胀率都控制在合理的范围内，同时为子孙后代留下宝贵的自然资源，使其不至于被过度或过早地开发和耗尽用竭。

经济增长率若是计划型的，生产与消费相脱节，常常会导致资源浪费，没有意义。经济增长率若是消费型的，以消费决定生产，能够产生财富，则有意义。市场经济的经济增长率是干出来的，不是算出来的。到年底统计，有多少就是多少。经济增长率存在疲劳和递减效应。这如同学习外语，起初记单词的增长率可以是双位数，到了 3000 个词汇量的级别，再要求 5% 的增长，就非常困难了。经济上亦如此，当国民收入达到一定水平时，再坚持"强增长"建议，不是明智之举。

中国今天是如此，英美等国家的发展过程也是如此。经济学从来没有 GDP 合理增长率的硬性指标，没有争 7% 或保 8% 就能实现充分就业的相关性说法。中国早年为了满足预设的翻两番的时间表，实现脱贫致富奔小康，算出来了大约 7% 的百分比，但是绝对不能把经济增长率"八九不离十"作为经济发展的常态，形成惯性。市场经济不能吹冲锋号，不能上刺刀，更不能搞"大跃进"。经济增长率可以预测，但不能保证实现，更不应当成为各级政府考核业绩的标准。

国内生产总值（GDP）

20 世纪 90 年代前，国际上通行用国民生产总值（GNP）代表一国创造的财富。如美国直到 1991 年 11 月之前，都是用 GNP 来作为经济总量的测量指标。后来因为联合国改为用国内生产总值（GDP）做代表计算总量，各国就都跟着转向了。GDP 更多地用于比较国与国，或地区与地区之间创造财富的生产能力。

不论理论上如何拗口，GDP 反映了一个国家总的生产能力和经济创造力，即不论是本国企业还是外国企业，凡是在该国国内创造的价值都被计入这个国家的 GDP 中，其遵循的是"国土原则"。GNP 反映一国国民财富的创造力，即不论该国民是在本土还是在国外所创造的价值都被计入该国的 GNP 中，其遵循的是"国民原则"。GNP 与 GDP 之间的关系是，GNP 加上出口减去进口（即加上净出口），就是 GDP。用数学表达式可以得出：

国内生产总值（GDP）＝国民生产总值（GNP）
＋出口（Ex）－进口（Im）

其中，净出口＝出口－进口

对于 GDP 的统计有多种方法，其中有三种统计方法用得最为普遍：

第一，生产要素统计法。即统计税收部门对所有生产要素——劳动者、土地、资本、企业以及过了保护期的知识产权等分别课税的汇总。此种统计比较真实，作假比较难。

第二，三个产业统计法。即对农业为代表的第一产业，加工业为代表的第二产业，服务业为代表的第三产业分别统计然后汇总。此种统计包括部分不易统计的部门的样本抽样，人为因素多，容易作假。

第三，用途去向统计法。即 GDP ＝ 消费 ＋ 投资 ＋ 政府支出 ＋ 净出口。用英文缩写表示为：

$$GDP = C + I + G + Ex + Im$$

其中，GNP ＝ C ＋ I ＋ G（详解见下一问）

从原则上讲，三种统计的统计数据应当一致。

由于 GDP 等于 GNP 加净出口。对于出口多的国家或地区，采用 GDP 统计容易表现其强大。如果一个国家的进出口平衡，没有净出口，那么 GDP 就等于 GNP；如果出口多、进口少，则 GDP 大于 GNP。

从某种意义上讲，GDP 统计法反映一国的产出能力，GNP 统计法反映一国的享受能力。外贸顺差大的国家如中国和日本，其 GDP 就大于 GNP，净出口多外汇储备多，积累了大量的美元财富。外贸逆差多的国家如美国，其 GDP 就小于 GNP。美国人尽情地消费，积累了大量的美元债务。美国是美元的发钞国，这相当于美国用一张张纸质的绿票子，就换来了顺差国大量的原材料、产品和劳务等，来享受高工资低物价的幸福生活。顺差国还得捧着纸质的美元财富，去购买美国的国债，同时时刻担心着美元会贬值。

当然联合国决定采用 GDP 统计法代替 GNP 统计法，或许并非考虑产出能力和享受能力的分别，而是考虑到全球一体化后，各国财富价值的统计，都应当考虑进出口的因素，才能做到相对全面。如果全球一体化退化，各国都退回内循环，那么 GDP 的统计方法意义就不大了。

内循环与双循环是两种经济政策。用 GDP 的统计方法来解释最清楚。GDP 统计出来的是双循环，它包括了国内的所有消费、所有投资、政府开支，以及净出口（出口—进口）。如果一个国家自己闭关锁国，或者遭到全球制裁不得不闭关锁国，再没有全球化了，那么净出口的数值为零或者为负数（如朝鲜）。这时 GDP 的统计方法也就没有实际意义了。这时用于双循环统计的国内生产总值 GDP，已经等于内循环的国民生产总值 GNP 了。

中国经过四十多年的改革开放和对外交往，培养了一批朋友和合作伙伴，中国产品的质量、价格和交货期都具有很好的吸引力和信用，因此完全没有净出口，变双循环为单循环的内循环，也并非易事。在内循环中，老百姓失去的主要是就业机会，政府失去的主要是财政税收和外汇占款。

国民生产总值（GNP）

其实整个西方经济学的要点都是在与国民生产总值（GNP）相关的基础上推导成形的。它涉及了古典经济学、凯恩斯经济学、新自由主义学派等经济学家所反复争论的"消费""投资""储蓄""政府开支"等基础概念。即便现在提到 GNP 的地方不多，但是学习西方经济学就必须首先懂得 GNP。整个西方经济学的基础理论是建立在国民生产总值的基础上展开的。GDP 的采用只是在 20 世纪 90 年代，随着全球一体化，进出口所占比重日益增加，才逐步代替 GNP 纳入世行统计的。GDP 本身没有独立的理论构成，还是沿用了 GNP 背后的经济理论，只不过多了一个净出口的概念。

GNP 反映的是用货币形式表现一个国家在某年度内所创造的全部商品和劳务价值的总和。其统计方法有几种，现在大都被移植到 GDP 的统计中了。各种统计方法都会有偏差，其中被认为最可靠的方法是产品流动法，也称用途去向法，即从总值的消费去向反过来核算总值的数量。其道理很简单，生产就是为了消费，知道消费了多少，自然知道生产了多少。GNP 由政府按季度和年度对外公布。这个指标对于市场本身并没有什么指导意义，然而它所定义的概念对于研究市场经济理论却是十分重要的。

一个国家所创造的生产总值代表国民所创造的全部财富。不包括出口，它有三个流向：其一，被个人或组织消费掉了（consumption，即 C）；其二，个人将没有消费的部分储蓄起来，最终被他人或银行拿去用于投资（investment，即 I）；其三，被政府收购并因种种需要而花费掉了（government，即 G）。西方经济学已成定论，一个国家的国民财富除了这三个去向，再没有其他的去向，因此，GNP = C + I + G。

在统计中，个人及组织消费（C）又细分为耐用品、非耐用品和劳务消费三个内容。私人投资（I）又细分为住房建筑、企业固定资产及存货变动三项投资（在西方，企业与住房大都属于私有，政府没有投资义务）。政府开支（G）又细分为中央政府开支与地方政府开支两个方面。

在中国，由于长期受传统政治经济学的影响，不少人对什么是财富一直存有偏见。他们认为只有创造物质财富的人，才真正创造社会财富，而其他人，尤其是从事服务业、商业及艺术等行业的人，都是来分享财富或转移财富的。在他们看来，财富必须是有形的，没有形（比如理发、唱歌），算什么创造财富？总之他们只承认产品商品是财富，而不承认劳务商品也是财富。在统计中，一沾劳务就认为是价值转移或重复计算，因此他们否认 GNP 统计的正确性。在生活中有更多的人对于歌星、影星、球星等没有直接创造物质财富，但却享有非常丰厚的收入提出异议，认为不合理。其实他们不理解，人类生产与消费的只是效用，而非物质本身。无论是谁，都不可能创造物质，他们只能通过劳动让物质变形产生"效用"，来满足社会的不同需求。从这个观点引申，可以很容易地理解，西方那些著名的歌手或球星为什么腰缠万贯，因为他们所创造的效用被市场所承认，被人们所接受，他们在相同时间内所创造的财富是千千万万个普通工人所无法比拟的。市场是自由的，也是无理的，只要人们喜欢，他们就肯付出代价去换取。在通常情况下，凡有收入并向政府纳税的创造，不论它们高尚与否，都被统计在国民生产总值的账下。

在 GNP 中，C 与 I 这两部分都是通过市场的核算及政府对市场的税收而得到统计的。G 是通过政府的预算和决算而得到统计。

从消费方面来看，GNP 等于凯恩斯时代所定义的社会总需求（aggregate demand），起初凯恩斯定义总需求为 C + I。他发现其中 I 作为私人投资，很不稳定，从而影响到社会总需求和就业。他也看到先前美国政府的扩张性财政开支有效地缓解了失业压力。由政府干预功能而引起的开支 G，变得不可忽略，于是凯恩斯把 C + I 变成了 C + I + G，且代表了国民生产总值的全部内容。社会总需求是经济学术语，而 GNP 不仅是经济学术语，同时也是联合国认定的国民账户体系（SNA）中的统计方法。GNP 代表了一个国家的经济实力，人均 GNP 反映了一个国家国民的富裕程度和生活消费水平。

在凯恩斯时代，失业率太高。主要矛盾是要创造就业。创造就业必须拉动社会总需求（国民经济生产总值），需要增加等式另一端的个人及组织消费、个人投资和刺激政府的财政开支。这是"三驾马车"的原始来由。后来 GDP 统计方法代替了 GNP，西方国家的财政收入有限，开支亦有限，所以"三驾马车"就变成了消费、投资和出口。其目的还是解决经济增长和实现充分就业。中国政府的财政开支很有力量，故应提"四驾马车"。真正进入内循环或者因疫情导致出口减少了，拉动 GDP 又变成了个人及组织消费、社会投资和政府开支这"三驾马车"了。真是三十年河东，三十年河西，风水轮流转。

国际收支平衡

国际收支经常项目是否平衡反映了一国的外汇储备及偿贷能力，其数据多以政府的相关部门及海关统计为准。政府通常按年度或季度公布这一数据。国际收支除主要决定于外贸收支外，还包括黄金的移动、商品与劳务的进出口、投资的收入与支出、旅游的收入及货币的汇兑等涉及外汇流动的项目。国际收支平衡（balance of international payments）是几个市场进出口活动的综合指标，同时它也影响部分市场的交易。经常项目中过多的赤字表明该国的外汇储备减少，其货币可能要贬值，从而降低别人来投资或搞贸易的热情，以及投放贷款的信心。

一个国家国际收支的状况，在以往政府的 GNP 统计中没有体现，如今在政府的 GDP 统计中得到体现。

股市指数

股市指数（stock exchange indexes）反映了人们对该国的投资信心。它来自资本二级市场（secondary market），即股票市场中股票涨落幅度的换算数值。每个工业国家都有若干股市，每个股市都有一两个指数，其中主要股市的主要指数作为一个国家股市的代表。比如较出名的有美国的道琼斯指数（Dow Jones），日本的 Nikkei，法国的 CAC 指数，中国（内地）的上证指数和深证成指、中国香港的恒生指数等。这些指数多是将股市上几十家著名大公司的股票价格加权求平均数而得出代表当天交易情况的指数。股市指数每几小时报道一次，是所有市场参数中最引人注目的。美国的股市不愧为美国经济的晴雨表。相比中国人把钱压在房市里，多数美国人都把钱压在股市里。美国股市若"供血"不足，股指大跌，对于美国人来说那是灭顶之灾。整个西方 20 世纪 30 年代发生的经济大萧条，就是由于美国 1929 年纽约股市崩溃而引起的。股市是投资的正常渠道，投资者在一级市场上购买股票，所期望的是当企业发展兴旺后，能够从二级市场看到该股票的增值并从交易转手后得到收益。正是这种发财欲望，才诱使千千万万的人将自己的积蓄变为带有风险的资本，注入他认为最有希望发财的企业的肌体中。任何国家的发展都离不开资本的注入，不论是发展中国家，还是发达国家，情况都是一样的。与其说需要资本，不如说更需要风险资本，因为风险资本对于经济的发展有更大的激励。所谓引进外资，引进的正是国外的风险资本。投资者注意他所投资企业的经营效果，更注意能引起他所投资股市发生变化的各种因素。其中股市指数的变化集中代表了一个国家经济状况的总趋势，如同国家的门面，又称"晴雨表"或"风向标"，谁都特别看重，同时也特别能影响投资者的心理。当股市看涨时，大家都争着投资，若转为跌势，大家都会裹足不前。一般每日股市变化在 5% 之间属于正常，若超过 10% 就不太正常了。但是对于市场经济不健全的国家，股市犹如赌场，与实体经济背离，常常是股指好，实体经济反而差。投资者应当特别谨慎。

滞胀

通货膨胀与失业率的关系就像小孩玩的"跷跷板"，你高我就低，此起彼伏，这是经济学著名的菲利普斯曲线揭示的，是常态下的客观规律。政府可以用货币政策和财政政策来调节二者的高低，如适当地容忍通胀以减轻就业压力，或适当允许增加失业以减轻通胀。工业化国家的政党和议会，没有人过多强调增长率，那些与选民无关。民众关心的是通胀率和失业率。如果这两者同时高涨，政府就真的遇到大麻烦了。

滞胀（stagflation）是通胀和失业两者同时高涨，即停滞性通胀的简称。就像跷跷板被突然加重载荷，使得跷跷板从中折断，造成失业和通胀双高。在市场经济健全的国家，滞胀是怪胎，不是常态，不足以推翻菲利普斯曲线所反映的规律性。

利率

利率（interest rate）反映了政府对经济增长速度、通货膨胀、失业等市场现象的判断和对策。利率直接引自货币市场，它包括银行的存款与贷款利率、货币市场发布的长、中、短三种期限的大宗存款利率及政府的长期债券利率等。利率每天对外公布一次。虽然利率在很大程度上受市场活动左右，但主要还是受控于代表政府和市场利益的中央银行，特别是受中央银行所公布的贴现率的影响。因此，利率是市场活动中一个最敏感的信号。利率低，表示政府认为通胀方面没有大问题，失业与增长率方面需要改善，这时股市投资会非常踊跃。在美国，利率若降低一个百分点，道琼斯指数会爬高几十点。利率高起来，表示政府认为来自通胀方面的威胁严重了，对经济增长要收紧一点，股市会立即跌下来。由于银行的存款与贷款利率都升高，存款增加而贷款会减少，使债券价格下跌，房地产市场冷清，外汇市场的生意兴隆起来。当然有时也有例外，比如近几十年来在美国就发生过利率高，股市也高的情况。这是由于外国的投资者预期美国的汇率还会升高，故把资本投入美国的股市，期待一旦汇率升上去，再抛出手里的美国股票，便可以赚到股票升值和汇率升值的双重收益。作为政府，可以通过在不同时期，分别调整短期、中期及长期的利率以满足不同市场的需求。

外汇汇率

外汇汇率（foreign exchange rate）反映了一个国家货币对可贸易货物实际购买力的水平。它直接引自各国外汇市场的外汇交易牌价。尽管它每分每秒都在变化，一般每日对外公布一次当天的牌价。新闻里公布的牌价，实际上是前一天的收盘价格，而且这个牌价只是小额现汇交易的买价和卖价。外汇汇率所使用的货币主要是美元、日元、欧元、英镑等几种西方硬通货。由于美元在石油交易和许多贸易中被用于作为结算货币，以及美国在世界经济中的地位，所以人们格外重视本国货币与美元之间的比价。汇率的变动对于原材料市场、出口商品市场、资本市场、货币市场和旅游业等市场活动的兴衰有很大的影响。若本国货币过硬，会造成出口困难，国外游客减少；若过软，又会使进口原材料费用增加，国内货币市场出现动荡。对于依赖产品出口的国家来说，外汇汇率的变化显得至关重要。影响汇率变化的主要原因有两点：一是本国的利率，当本国利率明显高于其他国家且经济稳定，会吸引国外的资金流入本国加入储蓄；二是出口增加，使得进口国大量换取出口国的货币来进行最终结算。这些都能推升汇率。在外汇市场活跃着许多专门做外汇生意的人。他们在某国货币的汇率处于低点时大量买进，当它升高时又立刻抛出，从而赚取买卖之间的价差。现代互联网技术将世界的货币市场连为一体，各地的报价相差不多。假若东京美元的汇率比别国低，有人会立即打电话过去，要求买进，短短几秒钟就会把汇率拉平。如同水平面一样，哪儿不平，全球的"外汇之水"流过去，很快就又变平了。

石油价格

石油价格（oil price）反映了世界能源价格水平。它来自石油市场的均衡价格，每天公布一次。石油价格以美元计价，以桶为单位。最便宜的价格是在 20 世纪 70 年代，沙特的官方报价在 1.8 美元/桶。目前产油国的平均开采成本价是大约 28 美元/桶。有的低于这个水平，有的略高于此水平。由于 1960 年 10 月阿拉伯产油国成立石油输出国组织，组成了国际性的石油卡特尔价格联盟，造成了 70 年代以后油价大幅上涨，1981 年最高价格达 40 美元/桶。2005～2015 年十年中，石油的最高价位曾经一度冲高至 147 美元/桶的超级水平。石油价格直接影响以进口石油为原料的工业加工国，如中国、印度、日本及西欧的加工成本，是造成全球性通货膨胀的主要原因之一。油价的涨落是引起股市、货币市场及外汇市场出现起伏的重要原因，尤其影响美元的软硬。长期以来，石油是以美元来计价的。油价上涨，支付所需的美元量增加，使美元的汇率升值。油价下降，支付所需的美元量减少，要求汇兑美元的需求减少，使美元的汇率趋于下降。一旦石油市场哪一天全面接受除了美元之外的其他货币，那时美元的危机就真的到来了，很可能会引发为了捍卫美元价值的又一次中东战争。

黄金与白银的价格

黄金与白银的价格（price of gold and silver）反映了世界性通货膨胀水平或预期水平，其指标由世界几个主要贵金属市场按日对外公布。金价比银价重要，因为黄金具有三种功能，即商品（首饰、工业用途等）、官方储备以及私人投资。当通货膨胀十分严重时，人们对其他市场都失去信心，会本能地将资金投入到房地产、珠宝及黄金市场上来。传统观念告诉人们，黄金是财富的象征，同时具有保值的特点，它不会因为货币发行机构破产而损失，是称职的国际通用货币。它与珠宝最大的差别在于，黄金每天都有行有市，可以交易，而珠宝（房地产亦同）常常有行无市，难以交易。黄金本身并不像存款那样能够生利，多数投资者都期望在购买后的近期看到金价的升值，从而脱手获利。政府的黄金储备往往长期持有。

国民生产净值（NNP）

国民生产净值是一个国家年度内新增的产值，等于 GNP 减去折旧。

国民收入（NI）

国民收入是生产要素（劳动力、资本、土地和企业组织）

在年内的总报酬。具体为生产要素的诸一对应收益，如工资、利息、地租和利润收入的总和。

个人收入（PI）

个人收入为年度内个人消费者所得的全部收入。

个人可支配收入（PDI）

个人可支配收入是个人全部收入减去个人所得税和政府规定的个人预扣保险后，可供个人消费支配的收入。PDI 未消费的部分称为储蓄（savings）。

以上是反映市场及市场经济的主要指标。这些指标，对于企业、政府与消费者个人的意义有着不同的侧重。在国外，个人消费者，不论在股市有否投资，都是首先从股市行情的涨落，获得国家经济形势和企业发展状况的印象，然后才关注通胀率、失业率等指标。企业最关心利率，利率直接牵扯企业的贷款和还债，还不起债就会破产。另外，外贸企业还比较关心汇率。通胀率及股市的指数等则是大家都关心的指标。西方政府最关心的不是经济增长率，而是通胀率和失业率，因为这两个指标联系着民心和选举，决定着政府的命运。然后政府才会关心股市指数、石油价格及其他。理论界一般认为，反映一个国家经济的主要指标有失业率、通胀率、经济增长率，再有就是外贸收支平衡。

24.

市场经济理论的几个主要学派有哪些？

古典经济学 (Classical Economics)

亚当·斯密（Adam Smith，1723～1790，英国苏格兰人）被誉为"经济学之父"，创立古典经济学派。著名的土地、劳动力和资本三要素理论是他在《国富论》里首先提出的。亚当·斯密所处的时代正是重商主义占主导地位的时期。重商主义为了大量进口金银，对经济和外贸都采取了广泛的管制，以期造成对殖民地的顺差，增加金银的进口。亚当·斯密认为，国家对经济和外贸的过多限制，妨碍了社会按照"自然秩序"的发展。"自然秩序"有客观性，建立在"人的本性"的基础上，或者说是由"自爱"（利己心）和"同情心"（利他心）等各种动机交叉制约而形成的。他认为法律规章等人为秩序必须与自然秩序相协调，否则社会就会混乱。亚当·斯密的伟大，在于他把以往人类对上帝及上帝所安排秩序的追随，转变到对人和人类自然秩序的刻画上来。这同以人为中心进行描述的伟大的文艺复兴和它的典型代表作《蒙娜丽莎》一样，具有划时代的意义。在 1776 年出版的《国富论》（*Wealth of Nations*）中斯密讲了一段非常著名的话，集中代表了他的思想："每人都在力图应用他的资本，来使其生产得到最大的价值。一般地说，他并不企图增进公共福利，也不知道他所增进的公共福利为多少。他所追求的仅仅是他个人的安乐，仅仅是他个人的利益。在这样做时，有一只看不见的手引导他去促进一种目标，而这种目标绝不是他所追求的东西。由于追逐他自己的利益，他经常促进了社会利益，其效果要比他真正想促进社会利益时所得到的效果更大。"

亚当·斯密的这只"看不见的手"，是他自由市场经济理论的集中代表，流芳百世，长久不衰。

大卫·李嘉图（David Ricardo，1772～1823，英国人）没有进过大学，起初作股票经纪人并得以发迹。1799 年他偶然读了《国富论》，开始对经济学发生兴趣。他相信亚当·斯密的分析犯了一些根本性的错误，需要修正补充。李嘉图是经验主义的劳动价值论的倡导人，他花费了毕生精力试图找到一个永恒不变的价值尺度。当时，在劳动是唯一成本时，各种商品按照它们所含劳动时间所代表的价格进行交换。这种劳动价值理论后来得到马克思的重视并被发挥。李嘉图的地租理论和分配理论为后人研究市场生产要素、准地租及折旧理论都提供了有益的启发。在要素禀赋有差异的情况下，李嘉图发现和发展了国际贸易的比较优势理论，为自由贸易理论的发展奠定了基础。另外，1810 年，李嘉图著书认为 19 世纪初英国的通货膨胀是由于英格兰银行对通货不加限制而造成的，这可以说是最早的货币学派的观点。

让·巴蒂斯特·萨伊（Jean Baptiste Say，1767～1832，法国人）的主要业绩是驳斥了以劳动价值论为基础的英国古典价值理论。萨伊对市场经济理论的突出贡献体现在他 1803 年出版的《政治经济学概论》一书。他的主要观点有"当一个产品一经产出之际，即在它自己的全部价值限度内为另一个产品提供了市场。"也就是说，供给创造需求，即供给方的套现，创造了自己的需求市场，总供给与总需求一定相等。这一观点经李嘉图及穆勒（John Mill）发挥成为经济理论界最著名的萨伊定律（Say's law）。今天人们提起萨伊，恐怕能记住的也只有这一定律而已。它与斯密"看不见的手"同样驰名，引起后人一代又一代的诠释，也招惹了经济理论界上百年的是非争论。一度被凯恩斯重重打倒，一度又被芒德尔（Mandre）、拉弗曲线的发明者阿瑟·拉弗（Arthur Laffer），以及保罗·罗伯茨（Paul Roberts）等供给学派的倡导者起死回生，并成为他们高高举起的旗帜。美国著名的"里根经济学"曾经创造辉煌，启用的就是供应学派。供应学派（Supply Siders），英文直译"供给侧"的学者们，他们通常主张通过政府的财政政策，降低边际税率，鼓励生产，改革社会福利制度，实现平衡预算，提高供给，减少通胀等。他们的主张与凯恩斯学派的主张相对立。

卡尔·马克思（Karl Marx，1818~1883，德国人）在经济学中的主要贡献是劳动价值论和剩余价值理论。他继承了斯密的土地、劳动力和资本这生产要素三元论的观点，并发展了李嘉图的经验主义的劳动价值论，形成了他自己的以《资本论》为标志的政治经济学理论体系。马克思认为只有劳动才创造价值。生产要素中的土地和资本的提供者，本身并不创造价值，他们作为资产阶级反而利用资本创造出剩余劳动，对无产阶级的劳动者进行了残酷的剥削。马克思的结论是要推翻资本主义，建设共产主义。马克思主义有三个组成部分：哲学、政治经济学和科学社会主义。马克思主义的哲学即辩证唯物论和历史唯物论，对中国的影响很深。中国的改革开放，以及社会主义市场经济的建立，有西方经济学的影响，但绝对不是照搬。中国特色社会主义市场经济的建立，离不开马克思主义认识论的指导。

新古典经济学（Neo‑Classical Economics）

经济学发展到 19 世纪末，由于社会没有产生大的动荡，以及一批有很好数学功底的人加入经济理论的研究，因此形成了一个以边际分析（marginal analysis）和均衡理论（equilibrium）为特征的微观分析学派。如果说，古典学派只是从原则上指出了市场机制能够把生产和社会需求联系起来，保证经济的运转，那么新古典经济学派对市场怎样起这种作用，进行了具体和细致的分析。

马歇尔（Alfred Marshall，1842~1924，英国人）是剑桥学派和新古典经济学派的创始人，早年研究数学和哲学。他在1890年首次出版，后来又再版八次的著作《经济学原理》占有几十年统治地位，是一本经典的教科书。马歇尔第一次正式、独立地使用"经济学"这个名称，摘掉长期冠于其首的"政治经济学""社会经济学"之类的帽子。他为传统的生产三要素（劳动者、土地、资本）适时地增添了第四个内容——组织（organization），即有效的组织形式，如企业，去组织生产、组织销售。马歇尔的突出贡献是从效用（utility）入手，认为"人类所生产和消费的只是效用，而非物质本身"。进而分析效用满足人们的不同欲望和需求、需求的弹性、效用、成本及价格之间的边际联系。马歇尔均衡理论的思路来自生物学和机械学的相反力量产生均衡。

瓦尔拉斯（Marie Walras，1834~1910，法国人）早年研究数学。瓦尔拉斯主要研究稀缺资源在市场竞争条件下，通过价格被分配到不同产品的生产中。所谓经济学是研究稀缺性资源的配置学说。瓦尔拉斯的主要贡献是他的一般均衡理论，这一理论补充和发展了马歇尔的局部均衡理论，他的分析已有了宏观分析的味道。他的均衡包括三个层次：一是产品市场的均衡；二是劳动市场的均衡；三是资本市场的均衡。以及这三个均衡之间相互作用、相互关联的关系。瓦尔拉斯援引局部均衡的构想，推广到一般均衡的结论中。他认为，均衡存在于要素组合及最终产品出售的各个环节中，假定拍卖人存在，供给方和需求方都可以充分地对自己提出的价格进行探讨，所有 n 种产品的要素提供方都可能在各自供给及需求的均衡曲线上实现利益最大化。其一般均衡理论的实质是说明资本主义经济可以处于稳定的均衡状态。在资本主义经济中，消费者可以获得最大效用，企业家可以获得最大利润，生产要素的所有者可以得到最大报酬。

瓦尔拉斯的均衡应当包括资源的所有者，主要是指土地。但是由于土地常年变化不大，在评估时常被忽略。这就给人造成一种错觉，似乎土地要素可以被忽略。此种现象在中国是非常严重的，应当引起特别的警惕和重视。另外，瓦尔拉斯还就政府的宏观干预提出以下几点设想：

①国家必须干预货币制度和政策，保证货币稳定。

②为了保证消费者的判断，促进自由竞争，对商品广告必须控制。

③对于自然垄断的公共事业及不适于自由竞争的行业，必须由国家来经营。对于水陆和铁路交通，国家不必直接经营和垄断，但对运价必须控制。

④对于证券（包括股票与债券）交易进行执照管理，防止无知的、非职业的投机掮客倒卖而损害公众利益。

⑤因为劳动市场的自由竞争会造成劳动时间不应有的延长，所以政府必须立法限制，有些立法应当争取国际协调。

瓦尔拉斯的思想后经维克塞尔（Knut Wicksell）和凯恩斯发扬光大，成为西方宏观分析的主流。正如琼·罗宾逊（Joan Robinson）夫人在《现代经济学导论》中指出的"二十世纪中叶正统派在古典学派手里的复兴，大部分是以瓦尔拉斯提出的概念为依据的。"

帕累托（Vilfredo Pareto，1848~1942，意大利人）早年攻读工程及数学。后作为瓦尔拉斯亲自选定的接班人，在瑞士洛桑大学执鞭任教，是继瓦尔拉斯之后的洛桑学派一般均衡理论的开拓者，现代西方纯粹经济学和计量经济学的先行者。他的成熟得意之作是《政治经济学教程》。除了一般均衡理论外，他与瓦尔拉斯的思想有很大的不同。至今经济理论界被人熟知的帕累托最优（Pareto Optimum）论述了完全竞争经济下的交换。他运用无差异曲线和指数函数理论，说明当资源配置达到最优状态时，不是一般意义上的最优化，而是具有"无一人增加利益而不减损另一人利益"的特别意义。换句话说，如果能在不侵害他人的情况下使某些人更为幸福，则说明资源配置尚未达到最优状态，还可以改进资源配置。根据当时的理论和假设，帕累托说明，三大市场（产品市场、劳动力市场、资本市场）的一般均衡（瓦尔拉斯均衡）是帕累托最优境界。

帕累托最优对于有效率地进行社会稀缺资源配置，如同金科玉律，经常被提到。

凯恩斯主义经济学（Keynesian Economics）

20 世纪初西方经历了一场空前的浩劫，英国、美国等主要西方发达国家连做了几年噩梦。这场噩梦是由美国 1929 年 10 月股票市场崩溃而引起的，凯恩斯学派也由此应运而生。

凯恩斯（John M. Keynes，1886～1946，英国人）早年在剑桥学习数学，毕业后师从马歇尔和庇古（Pigou）学习经济学。他所处的时代正是以严重失业为标志的经济大萧条的时期（见表2）。

表 2 　　　　　**1929～1933 年英、美两国的失业率情况**　　单位：%

国别	1929 年	1930 年	1931 年	1932 年	1933 年
英国	5.9	9.3	12.6	13.1	11.7
美国	3.1	8.7	15.8	23.5	24.7

资料来源：冯清：《实用市场理论》，中国展望出版社 1990 年版，第 10 页。

美国 1933 年失业人口数为 1283 万人，失业率高达 24.7%，国民生产总值从 1929 年的 1004 亿美元降到 1933 年的 595 亿美元。[①] 严峻的事实使多数人都感到古典学派与新古典学派所倡导的自由市场经济理论，虽然给经济的繁荣带来了活力，同时也为经济失控种下了苦果。

---

① 资料来源：美国经济分析局网站，https：//www.bea.gov/resources/learning-center/what-to-know-gdp。

凯恩斯在这种情况下挺身而出，提出与传统理论背道而驰的国家反周期干预学说（Countercyclical Government Intervention），被称凯恩斯革命。其代表作是他 1936 年出版的《就业、利息和货币通论》（简称《通论》）。其实早在《通论》出版前三年，罗斯福总统就在美国推行了以国家干预为特征的"新政"政策。西欧各国政府随后也都本能地采取了相应的措施。凯恩斯学说的历史意义在于，他第一次从理论上阐述了国家干预的必要性，指出了萨伊定律和庇古失业理论的错误在于市场不能创造充分就业。围绕就业问题，凯恩斯展开他的理论，使国家干预这个"异端学说"在经济理论界站住了脚，变得合理起来。

为了说明萨伊定律的错误，凯恩斯把总需求（aggregate demand）分解成两部分：消费（consumption，C）与投资（investment，I）；把总供给分解为消费与储蓄（saving，S）。在总供给与总需求中，C 是相同的，区别是在于 I 同 S 的对比；而投资 I 却是不稳定的，完全取决投资者的预期获利标准。获利少，就无人肯投资，因此，总需求不等于总供给。凯恩斯认为，倘若社会总供给能够造成相应的总需求，就不会出现一般的生产过剩，也不存在一般的长期失业。这样萨伊定律就被否定了。

凯恩斯学说除了总量分析的思路外，主要的观点还包括有效需求（effective demand）。他定义有效需求指所有消费者愿意并且有支付能力去购买的那部分商品或劳务的需求。在图形上指总需求函数与总供给函数相交点所对应的总需求（见图15）。有效需求决定了社会总就业量。

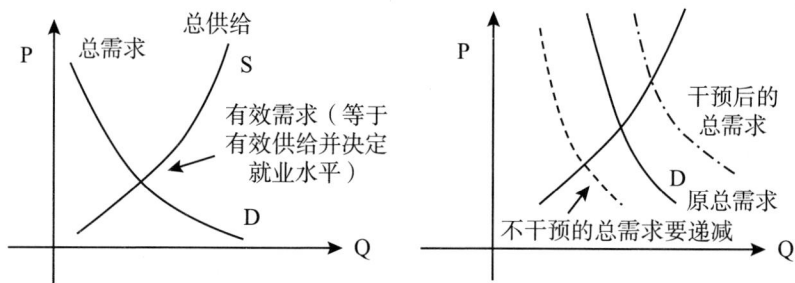

图15　有效需求

在凯恩斯看来，国家若不干预有效需求，这个值必然递减，难以实现充分就业。理由包括：①边际消费倾向递减（影响到 C 的减少），因为人们不可能将全部收入都消费掉，总有一部分收入用于储蓄，收入越多，储蓄部分越大，人们每多得一块钱，其用于消费的比重会下降，即边际消费倾向必然递减。②资本的边际效率递减（影响到 I 的减少），资本的边际效率指投资的未来收益折合成现值，投资越大，将来收益的现值越低。而且随投资的增加，产量提高，产品价格还会降低，收益会更小，人们更加不愿投资。③货币的流动偏好（影响到 I 的减少），货币的流动偏好指货币掌握在消费者手中而不在银行里，银行里的钱最终被用于投资，而人们手里的钱多为用于消费或者以防不测。这种流动偏好也被称为"凯恩斯陷阱"。以上由于消费不足造成的市场疲软，及人们和银行用于投资的资金不足，使社会对商品和劳务的有效需求处于低势，失业必然增加。因此，凯恩斯认为，充分就业靠市场的自在机制难以实现，国家必须出面干预有效需求。

凯恩斯的国家干预思想主要针对社会失业，他鼓吹政府加大赤字预算，增加开支，创造就业机会。他的主张实际上是以通货膨胀来治理失业。必须承认，经过凯恩斯理论的武装，西方各国政府的干预能力大大增强，失业得到有效的治理，20 世纪 20 年代末的那种经济大危机再也没有出现过。然而，对于"凯恩斯治理"的后遗症，即通货膨胀，各国都感到难以摆脱。

后凯恩斯主义经济学（Post –Keynesian Economics）

随着凯恩斯反潮流理论的问世，政府干预的深入，西方经济逐步走出了严重失业和大萧条的谷底，出现了一个相对稳定的时期。在这期间，战争的破坏，创造了需求和市场，经济建设不断高涨，理论界的呼声把凯恩斯主义推到正统的位子上。后凯恩斯主义两大经济学派，势不两立，长期论战，无非都是为了维护各自的正统地位。这两派，一派是以美国经济学家保罗·萨缪尔森为代表的后凯恩斯主流学派（Post-Keynesian Mainstream Economics），另一派是以英国经济学家琼·罗宾逊为代表的新剑桥学派（Neo – Cambridge School）。由于萨缪尔森任教的麻省理工学院（MIT）的所在地也叫 Cambridge，故得名"两个剑桥之争"。

保罗·萨缪尔森（Paul A. Samuelson，1915～2009，美国人）是美国第一位诺贝尔经济学奖获得者。他们这一派起初自命为新古典综合理论派（Neo-classical Synthesis）。起名原因是他们感到凯恩斯学说中缺乏以马歇尔为代表的新古典经济学派的微观分析，想把两者结合起来。这一派形成于20世纪50年代，到了60年代，为了表示正统，区别于刚刚崛起的英国新剑桥学派，改名为后凯恩斯主流学派。萨缪尔森撰著的教科书《经济学》，囊括古往今来经济学的几乎所有科目，可谓大全。先后修订再版十二次，被译成九种文字，发行逾百万册，是世界上最畅销、最流行的教科书之一。

琼·罗宾逊（Joan Robinson，1903～1983，英国人）毕业于英国剑桥大学。罗宾逊夫人曾是凯恩斯组织的青年经济学家研究小组中最活跃的成员。在《通论》问世后，她多次撰写文章、书籍介绍凯恩斯的思想。为了区别于马歇尔的剑桥学派，他们自称为"新剑桥"，并主张回到李嘉图的传统。新剑桥学派认为，凯恩斯的理论缺少价值理论与分配理论，故将李嘉图的分配理论与凯恩斯的理论相结合。1973年，罗宾逊与约翰·伊特韦尔（John Etwell）合写了《现代经济学导论》，作为启蒙教科书，似乎要与萨缪尔森的教科书分庭抗礼，一决雌雄。

后凯恩斯主义两大学派对于经济理论和市场经济理论的贡献与新古典经济学派相似，都不如他们的前辈贡献突出，然而又都承上启下地写出了精彩的教科书，为所继承的理论做了系统的总结和有效的传播。

自"凯恩斯革命"之后西方经济理论界出现两个明显的特征：

其一，经教科书派的努力，西方宏观与微观经济理论的框架已经形成，再想自成系统，不仅没有市场，而且难被公认。能够被称为理论学派的时代已然过去，后来形成的只是观点学派。它们往往是围绕一个特定领域或一种观点单向展开的。这些学派的立论很容易从其名称上顾名思义地得到理解。如货币学派、供应学派、理性预期学派、新制度学派、公共选择学派，以及增长经济学、比较经济学、秩序经济学、福利经济学、人口经济学、发展经济学、计量经济学、地缘经济学等。看了名称，读者会大致会猜出他们要说什么。

其二，政府干预在事实上已成为定论，无论学者们怎么争论、反对，也已无济于事，无法摆脱。问题在于政府如何干预及干预什么。

这里有必要提一下自"凯恩斯革命"之后，常被使用的两个概念：菲利普斯曲线和滞胀理论。

菲利普斯曲线（The Phillips curve）是英国经济学家菲利普斯（A. W. Phillips）1958 年提出一种理论，认为失业率与通货膨胀率之间存在一种此长彼消，互为盈缺的关系（见图 16）。失业率高时，通胀一定低，反之亦然。他观察了英国 1861～1957 年货币工资变化率与失业率的对应关系，并看到工资变化率上升，通胀一定上升的事实。用菲利普斯曲线反映的规律检验各国的经济发展史，基本可以认为，他的理论成立。凯恩斯时代各国的失业率极高而通胀率都很低。20世纪60年代末、70年代初，随失业率下降，各国的通胀率都大大抬头了。到了80年代初有的国家的通胀率甚至达到两位数。

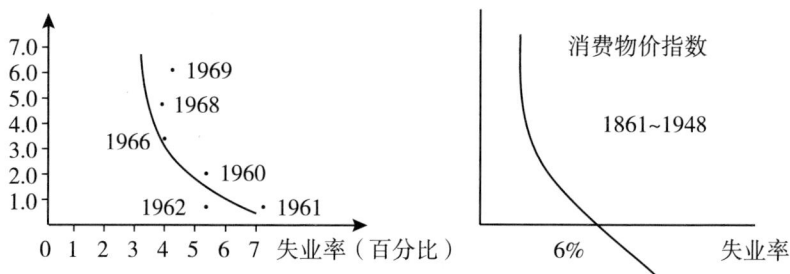

图16　通胀率与失业率之间的反向关系

正好与菲利普斯理论相佐的是滞胀理论。这是70年代时兴的经济术语，指失业与通胀同时高涨的并发症，即经济停滞型通胀。对于其内容，我们在介绍经济指标的问题中专有论述，此处不再赘述。这里提到的滞胀，主要是指美国1973~1975年及1980~1982年这两段时间，这似乎沉重打击了西方宏观经济学的有效性，但也有人不这样看问题，他们认为在这两段区间内，出现滞胀的原因，是阿拉伯石油输出国组织（OPEC）因不满美国偏袒以色列，以及高油价会带来高利润的建议，因此人为地提高了石油价格，使依赖石油的美国及其盟国的生产成本上升，物价上涨，形成通货膨胀。同时又因物价上涨，造成产品滞销，加上债务压力，不少企业破产，失业严重，经济发展停滞。这种外部因素造成的特殊情况，是非常态，并不代表通胀与失业有此种内在的必然联系，故不足以完全否定菲利普斯曲线所揭示的客观规律，反而恰恰说明世界型的垄断，如石油输出国组织（OPEC），会给全球市场经济造成通货膨胀和经济停滞并存的危害。

对市场经济理论有影响的几个现代学派

货币学派（Monetarist）

货币学派的主要代表人物是密尔顿·弗里德曼（Milton Friedman）。由于他本人在芝加哥大学任教，故这一学派有时也称芝加哥学派。他们之所以被称为货币学派，是因为他们认为货币是整个经济生活中唯一重要的因素。货币学派认为通货膨胀从来都是货币现象，即货币量增长的速度超过产品增长的速度。弗里德曼通过对美国、日本、英国、德国四国 1964 ~ 1977 年货币量与物价上涨趋势的研究，发现两者上升的趋势完全一致（见图 17）。

在早期的货币理论中有两个著名的方程式。首先是美国经济学家费雪（I. Fisher）1911 年起提出的"交易方程式"：$MV = PT$。其中 M 为流通中的货币量的总值，V 为货币流通速度，P 为一般物价水平，T 为商品与劳务的产量或交易量。当 V 流通快时，不需要很多数量的货币就可以满足市场上总交易

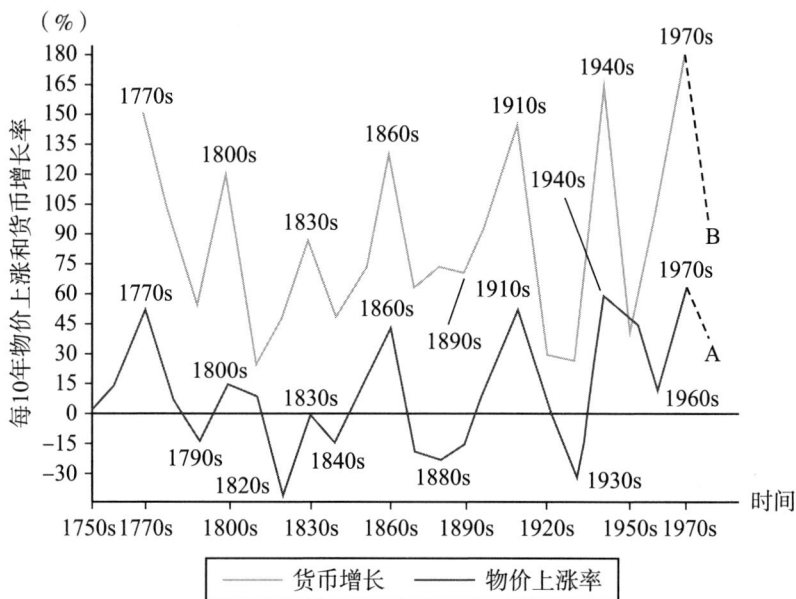

图17　每10年物价上涨和货币增长率

水平（P 与 T 的乘积）对货币作为交换媒介的需求。在一般情况下，银行处理货币周转的技术水平与企业提供产品的能力都是相对稳定的，表明 V 与 T 比较恒定或固定。那么物价水平 P 就取决于货币发行量的总值 M。M 多发，P 必然上升。这一方程说明了通货膨胀从来都是货币现象。

再有就是英国剑桥学派庇古教授 1917 年提出的"剑桥方程式"：M = KY。其中 M 为流通中货币量的总值，K 为货币量总值与国民生产总值的比例系数，Y 为国民生产总值（即上式中 P 与 T 的乘积），此方程也可写成 M = KPT。由于 K 与 V 互为倒数，即 K = 1/V。分段观察比较两个方程式，可以发现，二者的内容是相同的，只不过剑桥方程式强调了人们对货币的需求，故得名"货币需求方程"，或"现金余额说"。有人曾巧妙地比喻这两种方程的差别，认为虽然它们描述的都是同一件事，但是"交易方程"重点放在货币的花费方面，可以说是描述"长了翅膀的货币"，而"需求方程"重点放在现金的持有方面，可以说是描述"坐下来的货币"。

因为 M = KPT，所以 M/P = KT，M/P（Money/Price）即总货币量的价值除以总的物价水平，表示有多少货币数量才能满足 T 这个社会商品与劳务交易总量的需求。

凯恩斯认为 M/P = f(r，Y)，需要多少货币取决于债券的利息 r，以及人们现期的实际收入水平 Y。利息 r 的高低，人们收入 Y 的多寡，分别对 M/P 有影响。

弗里德曼将以上的理论综合发挥，得出：

$$M/P = f(Y，W，r_m，r_b，r_e，1/p \ d/dt，u)$$

其中，f 同上，表示函数符号，只说明括号里诸因素的变化对等号另一端的 M/P 有影响，Y 为按不变价格计算的实际收入，W 为来自财产部分如房租等的收入，r_m 为货币的预期收入，r_b 为债券的预期收入，r_e 为股票的预期收入，1/p d/dt 为预期的物价变动率，U 为收入以外可能影响货币效用的各种因素。

然而变量越多，尽管貌似准确，其实越不准确，更难得出稳定的函数关系。弗里德曼的努力，只是为剑桥方程较为抽象的 K 系数补充了一些具体的内容。

货币学派反对凯恩斯主义用财政政策来干预市场，强调用保证稳定的货币供应量的货币政策来指导经济运行。但是这种货币政策不同于凯恩斯主义通过影响利息率来调节总需求的货币政策，它是一种使货币供应量的增长与经济增长相适应、稳定地供应货币的货币政策。

在1976年纪念亚当·斯密的《国富论》发表二百周年时，弗里德曼指出："斯密在1776年发出的不许用干涉市场的办法去扰乱看不见的手的作用的告诫，已被当今这类干涉的灾难性后果所证实。"对于政府的作用，他根据斯密在《国富论》中的观点，认为应当限制在以下四个方面：①保护社会，使它不受外敌侵略。②建立司法机构，制定自由社会的公民在进行经济和社会活动时应当遵守的规则。③建设并维持某些私人无力进行或不愿投资的公共事业及设施，但这项作用的目的在于维护和加强自由社会，而不是破坏它。④保护那些被认为不能保护自己的社会成员。

作为以自由主义为哲学基础的学派，货币学派要求建立一种社会，保证每个人在选择职业、运用资源、保护私有财产与使用收入方面的自由。弗里德曼强调，这种社会主要依靠自愿的合作来组织经济活动和其他活动，它维护并扩大人类的自由，把政府活动限制在应有的范围内，使政府成为我们的仆人而不让它变成我们的主人。

供应学派（Supply Siders）

供应学派与货币学派是两个很有影响的英美现代经济学派，都是70年代为了解决当时西方社会严重的通货膨胀问题而产生发展的。由于他们都反对凯恩斯政府干预理论，又被称为自由主义学派。

供应学派的主要代表人物有阿瑟·拉弗（Arthur Laffer）、保罗·罗伯茨（Paul Roberts）等人。他们认为当时滞胀的原因是由于政府不适当的干预，挫伤了企业的生产积极性，造成供给不足。供不应求则价格上涨，解决的途径关键在于减税，刺激投资，增加生产供给。他们反对政府干预，主张复活萨伊定律，主张一种简单的想法：政府同时削减税收和减少预算赤字。除了减税的主张外，供应学派还有其他辅助的建议。如削减政府开支，减少政府管制以及控制货币供应。为了说明供应学派的税收政策，拉弗曾在一次鸡尾酒会上信手画了一个被称为拉弗曲线的图形。他解释，当税率为零时政府的税收为零，这很显然，但税率为100%时，没有人肯生产，政府的税收也是零，只有税率达到其中某一值时（如E点），税收与国民收入才可能都达到最佳值。过了此值，进入阴影区，税收与国民收入都会下降，所以阴影区为禁区。这些构成了"里根经济学"的主体。然而遗憾的是，不论拉弗还是其他人，都不能给出确定该值的方法。是多是少，只能留给国会去争论，从而谋求一种妥协的解决办法。

拉弗的思路是对的，但他的图形在表达上有缺陷，虽然后来他做过两次改进，仍不能令人感到满意。笔者同周围友人都认为如果曲线这样修改，会更直观（见图18）：y轴为税率，x轴为产值，政府的税入为不同税率值与曲线交点所围的矩形面积。当税率为100%时，没人愿意为创造国民生产总值而生产，矩形面积为零，政府没有税入。当税率降低时，企业自发进入的热情高，数量也多，创造的国民生产总值的财富量就大，政府的税收就多，而且还有余地再向下调节税率。假定税率调整为零时，企业的生产积极性最高，然而当税率低过某一点时，对国民生产总值的产出量已不构成任何影响，同时却丧失了税入。所以说，税率过高或过低都不对。只有当税率调整为相对合理的 E 值时，其所围矩形面积为最大。这时企业能够承受，政府也会感到满意。从国家治理结构需要的角度看，必需的税入很重要。财政支撑着政府的广义运转。如果税入少支出就会减少，则社会的公平、公正、环境、安全等公共利益就都难以保证。财政税收没有了，国家也就没有了。受伤害的最终不是少数富人而是全体国民。这说明税率太高或太低都不合理。必须强调的是，税率只是刺激经济复苏和增长的一个要素，政府的开明度和受信任度，以及投资环境等也都是不可或缺的要素，其作用往往超过税率。

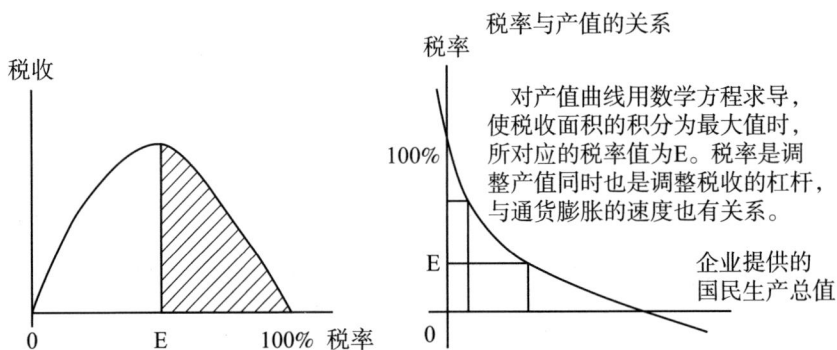

图18　拉弗曲线的修改

供应学派在理论上没有形成完整的、令人信服和逻辑一致的系统，有待一个新的教科书派的理论清道夫来整理和完善。已经明确的是，供应学派反对凯恩斯主义，反对政府对市场的直接干预，主张让"看不见的手"及萨伊定律去自然地创造需求。从表面上看，似乎供应学派主张干预供给方面，凯恩斯主张干预需求方面，方法又都是通过政府的财政政策，两者异曲同工。但实质上，就政府干预的看法，两者却是大相径庭的。供应学派的目的是最终实现限制政府的干预，而凯恩斯学派的目的是要加强政府的干预。混淆了这一点，将会抹杀西方经济理论学派对市场经济在不同阶段所做的不同贡献。

供应学派与供给性结构改革的区别：

中国的供给侧结构性改革与西方经济学的供应学派，虽然在名词及主张上有许多相似，但从根本上是有原则性区别的。供应学派的"目标敌"是通货膨胀，供给侧结构性改革的主要目标不是抑制通货膨胀，而是针对要素配置一侧，解决生产要素资源的误配，健康实体经济，促进改革和经济发展。以一言蔽之就是，调结构，稳增长，促发展。中央深改办之所以提出"供给侧"，主要是区别长久以来政府用惯了的，通过加大投资，刺激"需求侧"出现反弹的传统做法。这种传统做法的后遗症是，扭曲的经济结构永远得不到调整，过剩的产能会越来越加重，稀缺资源会被人为地浪费和错配，简直就是饮鸩止渴。

秩序经济学派（Ordnungspolitik）

这一词引自德文，没有对应的英文翻译，有人译为"秩序政策"。该词最早可追溯到欧根（Eucken）的著作，但作为学派介绍出去，还要属瑞士的威利·林德（Willie Lind）教授。他早年毕业于苏黎世大学，曾多次获得经济学界荣誉奖，曾任苏黎世大学教授、《新苏黎世报》经济主编等职，是一位享有极高声誉的经济学家。长期以来，这一学派没有自己正式的名称，一派多名。从理论主张上常被称为社会市场学派；从学派国别的起源上又得名为德国新自由主义经济学派；从几个代表人物所在的校名（德国弗莱堡大学）上，又被称为弗莱堡学派；从其所办理论刊物的刊名《奥尔多：经济与社会秩序年鉴》上，又被引申为奥尔多派。奥尔多在拉丁文（Ordo）中的意思是"秩序"，指与现存社会秩序既有区别又有联系的正确的社会秩序。林德教授认为"秩序经济学"代表他们这一学派的实质。由于直接翻译成英文会成为 Order Economy，容易被人误解为"命令经济学"，跑到计划经济范畴里去了，因此林德一直沿用 Ordungspolitik 这一德文名词，免得产生歧义。

秩序经济学，又被称为奥地利学派，其思路来自亚当·斯密的"自然秩序"理论。该学派的主要代表人物有德国的瓦尔特·欧根（Walter Eucken）、路德维希·艾哈德（Ludwig Erhard）、勒普克（W. Ropke）和瑞士的威利·林德（Wilhelm Linder）等。新自由主义的代表人物费里德里希·哈耶克（Friedrich Hayek）表面上看是伦敦学派或芝加哥学派，其实也属于这一学派。由于这派理论学者的经典著作多用德语书写，因此在讲德语的国家，如德国、瑞士、奥地利的经济理论界很有影响，并成为第二次世界大战后联邦德国经济起飞的主要指导理论。他们有理论，更有实践的检验。

秩序经济学强调秩序的建立。欧根认为应建立一种人人都能充分发挥作用的"竞争秩序"（Wettbewerbs Ordnung）。政府在这个秩序中的作用只是反对垄断、鼓励竞争，维护和监督公平竞争的社会市场秩序。犹如一场球赛，政府只是担任裁判，执行比赛规则，而不能代替或指挥运动员比赛。秩序经济学主张把自由的市场竞争与有限的国家干预结合起来。具体来说，国家干预除了粉碎任何垄断企图外，主要是运用金融手段确保货币流通的稳定，因为他们认为货币流通的剧烈动荡是通胀、失业和社会危机的根源。此外，国家还应举办文化教育事业、基础科学研究以及搞一些有益社会的基础设施如修公路、建港口码头、负责邮电和公共交通事业。代表国家利益的政府可以通过税收进行财富的再分配，但绝对不能插手市场经济的内部运转，干涉企业自主的经济活动。他们定义的"社会市场秩序"，是一套完整的有国家干预的市场竞争秩序。社会市场只是形式，有效的竞争秩序才是根本。

从某种意义上说，秩序经济学是后来新制度经济学的先声，它在联邦德国的战后崛起中发挥了至关重要的作用。艾哈德本人就是联邦德国重建的领导者和指挥者，理论联系实际。

新自由主义学派（New Liberalism）

新自由主义学派的代表人物米塞斯（Ludwig Mises，1881～1973，奥地利人）和哈耶克（Friedrich Hayek，1899～1992，奥地利出生）都是奥地利学派的代表人物。新自由主义学派的思想基础是亚当·斯密的古典自由主义。米塞斯和哈耶克都反对计划经济，反对凯恩斯主义的国家干预，因此又被称为新保守主义。新自由主义深受奥地利学派的学术影响，并且看到他们学派的理论观点在联邦德国的战后经济重建中创造了奇迹。同时新自由主义学派也看到凯恩斯主张政府代表国家干预经济的做法，虽然缓解了失业压力，但是也给欧美诸国带来了几十年挥之不去的通胀灾难。

英国首相撒切尔（Thatcher）和美国总统里根都推崇新自由主义，就是表明他们要彻底放弃凯恩斯主义，向通胀宣战。新自由主义异军突起的另一个原因，在于"华盛顿共识"（Washington Consensus）。"华盛顿共识"是 1989 年由新自由主义学派为主导，针对拉美债务危机、苏联解体、东欧剧变等一连串政治事件所设计的一整套解决方案。其中主要包括：①压缩政府的财政赤字。②政府开支转向文教卫生和基础设施等公共公益项目。③降低边际税率并扩大税基。④利率市场化。⑤汇率竞争化。⑥贸易自由并开放市场。⑦放松外资进入。⑧放松政府管制。⑨保护私有财产。在此"共识"的基础上，新自由主义的经济学家亲自出马去帮助俄罗斯、捷克和爱沙尼亚的领导采用"休克疗法"恢复经济。

尽管新自由主义的主张可以帮助经济复苏，但是也引来了许多诸如两极分化、环境污染、分配不公、人权恶劣等后遗症，遭到"欧洲价值观""后华盛顿共识"和"北京共识"等经济团体的挑战。尽管如此，新自由主义，即新保守主义至今仍然在西方经济学界占有主流地位。

以上几个学派不仅是在西方经济理论中占主导地位的学派，而且是对市场经济理论有贡献的学派。在西方，称得上经济学家的，有成百上千，其理论著作之多，恐怕一个人花毕生精力也难读完。在此只好从市场角度，忍痛割爱地做些挑选和剪接，难免挂一漏万。经过二百余年的发展，西方主流经济学派大致可以分成三个大的门类，如图 19 所示。

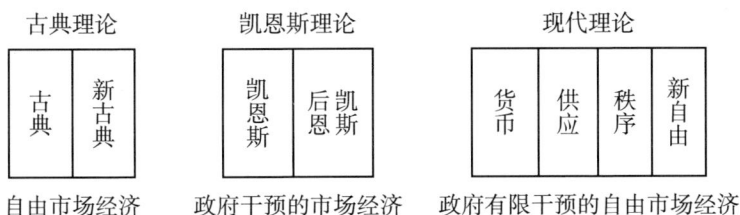

古典理论		凯恩斯理论		现代理论			
古典	新古典	凯恩斯	后凯恩斯	货币	供应	秩序	新自由
自由市场经济		政府干预的市场经济		政府有限干预的自由市场经济			

图 19　西方主流经济学派三大门类

如果能用文字对整个西方经济学的形成，以及它们对于人类经济发展所做贡献进行描述，我们可以这样总结：整个西方经济学可以粗分为三个大的理论体系：①古典理论，他们主张完全自由的市场经济。②凯恩斯理论，他们主张政府干预的市场经济。③现代理论，他们主张降低政府干预的自由市场经济。

在西方，人类的经济活动通常为企业家将生产要素通过市场组织起来形成企业，稀缺的自然资源和生产要素通过市场的合理配置进入企业完成后续的加工，加工好的商品财富又通过市场出售给消费者个人及政府，市场在其中扮演了关键的角色，因此被称为市场经济。

这种经济运行在没有外力干预的条件下，理论上可以得到最佳的自然平衡（古典理论）。然而，由于人类自私的本能，使市场的完全自由化造成了很多灾难，如失业、萧条等，于是需要代表社会利益的政府出面干预（凯恩斯理论）。但是政府不适当或过量的干预，又造成新的问题，破坏市场的自在机制，给社会造成赤字、通胀等新的负担，因此有必要对政府的干预行为进行指导或限制，恢复市场在经济运行中的主导作用（现代理论）。在凯恩斯之后，政府干预经济已经成为不可改变的事实。

现代理论学派大都反对凯恩斯主义，虽然在口头上完全反对政府干预经济，但是他们也必须正视凯恩斯主义之后，政府在经济活动中所担当的角色没有退场机制。因此他们希望政府可以成为市场经济的"守护人"，专心法制建设，创造投资环境，维护公平有序的竞争秩序。他们在行动上反对的，只是政府对市场机制的粗暴干涉和控制。他们要求自由市场经济起主导作用。这不是简单的复古，而是在市场经济理论的演义中上了一个台阶。

25.

什么是恩格尔系数、基尼系数和马太效应?

恩格尔系数

恩格尔（Engel）是 19 世纪德国统计学家，他通过样本取样发现，一个家庭收入越少，家庭收入中用于购买食物的支出所占的比例就越大。

恩格尔系数（Engel's Coefficient）是指当这一比例在 60% 以上时为贫困，因此恩格尔把贫困线定在 59%。他认为，50%～59% 为温饱，40%～50% 为小康，30%～40% 为富裕，低于 30% 为最富裕。我国考核"奔小康"，可以参照恩格尔系数给定的范围，这样"奔小康"就可以用人民币量化了，不一定非要比照人均 GDP 换算的美元数值。

基尼系数

基尼系数（Gini Coefficient）是德国经济学家阿尔伯特·赫希曼（Albert Hirschman）1943 年根据洛伦茨曲线发挥而得的（见图 20）。我们在一个二维坐标系中，假定纵坐标为收入的百分比，横坐标为人口的百分比。如果人们的收入均衡，那么收入随着人口的增长应当在坐标系中留下一条约 45 度的直线。但是在实际生活中，人们的收入有很大差别，因此实际曲线是一条升幂的曲线，直线与曲线所围面积就是基尼系数。收入差别越大，所围面积就越大，表明贫富悬殊越大，就是改革的失败。

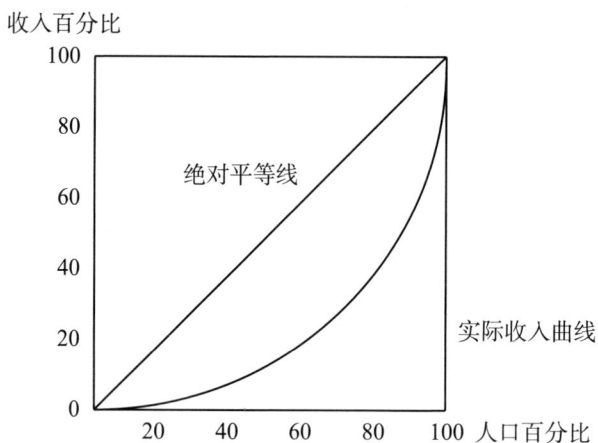

图 20　基尼系数

基尼系数在 0 与 1 之间取值。越接近 1，贫富差距越不平等；越接近 0，则贫富差距越小。国家基尼系数低于 0.2 表示社会财富高度平均，0.2～0.29 表示社会财富比较平均；0.3～0.39 表示贫富差距相对合理；0.4～0.59 表示贫富差距较大；0.6 以上表示贫富差距悬殊。基尼系数把 0.4 作为收入分配差距的警戒线。在警戒线下的国家，整个社会治安更稳定。按照"黄金切割法"，这一数值应当是 0.382。

特别贫困的国家和一般发达国家的基尼系数均在 0.24～0.36 之间。因为那里的贫富悬殊不大。基尼系数 0.4 是报警点。超过此临界点，不是爆发革命就是出现动乱。美国偏高，中国也偏高（见图 21），都在 0.5 以上，属于两极分化严重的国家。2017 年特朗普突如其来当选美国总统，实际上他的当选

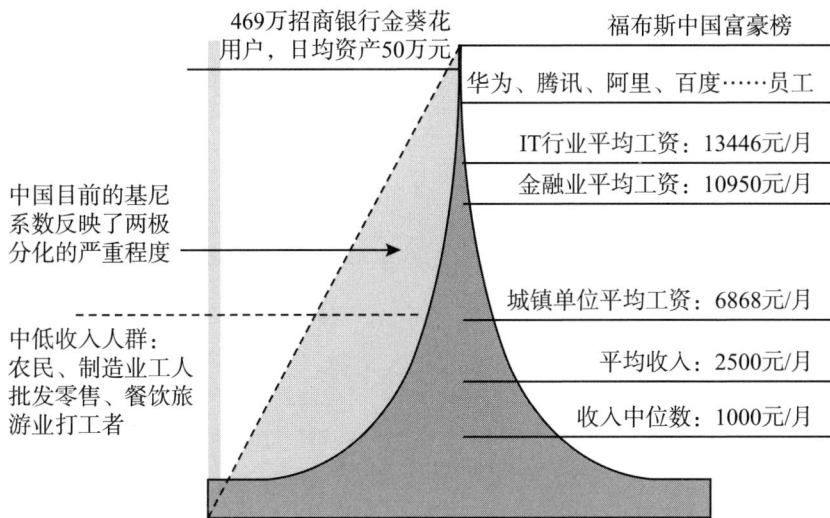

图 21　中国各阶层实际收入曲线

注：城镇单位平均工资为 2018 年数据，其他指标为 2019 年数据。
资料来源：国家统计局、万得资讯、中金公司研究部。

是一次没有硝烟的革命。特朗普颠覆了美国整个精英阶层，使基尼系数过大，引起美国中低层蓝白领的不满。从图 22 中我们可以看到中国各阶层的实际收入曲线，信息非常可怕。其中实际收入线与绝对平均线之间所围面积的基尼系数，就是国内目前两极分化的真实写照。说明了中国市场经济改革，必须从全民免费的教育、医疗和养老入手，制定五年规划，逐步实现。

马太效应

贫富悬殊差别过大，其结果会出现富的越富，穷的越穷，强的越强，弱的越弱。这就是圣经《新约·马太福音》中讲的"马太效应"。马太效应（Matthew Effect）是一种强者愈强、弱者愈弱的现象，它反映了富人更富、穷人更穷的一种两极分化的社会现象。

邓小平曾经严肃地警告，"如果改革导致两极分化，改革就算失败了"[①]。衡量两极分化的指标目前只有基尼系数。基尼系数考核的是社会收入分配的增量。从某种意义上讲，反腐败是解决存量的问题，反分化是解决增量的问题。反分化比反腐败会更迫切，更得民心。新中国成立前"打土豪分田地"，老

---

① 邓小平：《一靠理想二靠纪律才能团结起来》，人民网，http：//www. peo-ple. com. cn/item/sj/sdldr/dxp/B107. html.

百姓得了实惠，跟着共产党。今天如果提出"反腐败进社保"，老百姓有了切身利益的联系，就都会真心地拥护政府反腐败。因为从经济学角度看，这两个口号的结果都会使得基尼系数变小，有利于社会稳定。

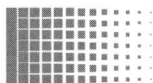

26.

中国特色市场经济的财富是什么？

中华人民共和国成立 70 余年，建立了系统的、完备的、上百万亿固定资产（几十万亿净资产）的国有央企，这是中国特色社会主义的宝贵财富，是其他市场经济国家和北欧社会主义国家所不具有的固定资本，是我国经济结构的基本优势，是真正的社会积累。

中国的行政机构严密完善，从上到下都有对口单位，且有几十年的传统性，对贯彻领导意图的执行力强，加上有大量的国企，特别适合集中力量办大事，用举国之力攻克各种难关。这是其他市场经济国家所不具备的竞争优势。另外，中国的市场经济中存在着国家 5 年规划做指导，以及通过各种微观、宏观等政策调整产业结构和布局。这些都是中国特色。

如果把国有企业的收益，即使只有 3% 划归社保基金及医保基金，不仅可以立即降低民众对参加社保的缴费，充实社保总资本金和减少空账，而且可以使所有公民享受到更多的养老金或免费医疗。中国的社保和医保基金是中国十几亿人养老送终和救死扶伤的保障。国企改革和反腐败的收益都应当进入社保和医保，才能与全体国民的利益相关。特别要坚决防止个别寡头借"混合所有制"之名，冠冕堂皇地廉价收购这一块属于全体国民的公共财富。

可惜由于在传统的计划经济体制内，受苏东模式的影响，国企们的机制官僚化，把这些好端端的国民财富变成为了社会大众的包袱。多数企业负债累累，不能自负盈亏，完全靠财政补贴和银行输血，才能维持经营。中国 40 多年的改革，重点就在国企改革，就是要转换机制。从承包制、股份制到今天的混合所有制，目的都是让它们焕发活力，重新站起来，甩掉包袱，对国家、对人民有所担当，挑起国民经济的大梁。

27.

国企改革应当遵循哪些市场化原则?

在市场经济体制中，社会分工是明确的，哪些该国营，哪些该民营，哪些民营不可涉足，哪些外资不许染指，顶层设计者必须根据经济的基本原则和政府意愿，首先给出指导意见，确立负面清单，禁止外资和民企进入国营的垄断性行业。

政府应当明确国营行业

国营行业的企业应当是国有企业、或国有企业成分占主导的企业。国营行业主要指公共事业和公益事业的行业。当然在早期时，国营行业还包括那些关系到国计民生的、投资大、周期长、私人企业不愿染指的大民用或大军工行业。如今这些行业和工业也都大量出现民营企业的影子。

对于从事公共和公益行业的国企，政府应当补贴，所以它们的数量不能太多。政府要负责这部分行业的定价，是由于公共、公益事业类企业的产品和服务取费，具有"累退性质"，比如挣 10 万元的人与挣 1000 元的人所交电费、水费、排污费、煤气费等基价完全相同，因此政府定价时必须考虑社会多数人的承受能力。对于定价要执行随消费量增加、价格阶梯上浮的政策。制定基础价格要照顾穷人，要就低不就高。企业收益高低互补，亏损部分可以由政府的税收收入中补贴，实现转移支付。

例如，政府应当出面兴办药厂。在医药行业，同样也有所谓的"二八定律"，即 20% 的药可以医治 80% 的疾病。通常这 20% 传统、廉价、有效的药品，由于其利润过低，多数民营药企拒绝生产。社会上新药越来越多，药费越来越贵。在中国甚至有医生要靠走后门，才能拿到青霉素这种低廉有效的药品的现象。假如由政府出面，分区域建立几家纯国有药厂，专门生产青霉素这类只占药品种类的 20%，却能适用 80% 的疾病，量大面广、低廉有效的药品，老百姓一定会拍手欢迎。这些国企药厂应当由财政全额补贴，保证其人员工资和福利永远处于同行业的中高水平。那么不仅民众自付的药费会降下来，而且政府承担医保中相应的"大头"支出，也会大幅度下降。这才叫"小药治大病"。

政府在国企改革时要注重分析市场结构

如果部分国企能赚钱，是源于他们所处市场的结构是自然垄断，或垄断竞争给他们带来源源不断的"超额利润"，但中国老百姓要交比别人都贵的电信费、汽油费、水电费等，这直接损害了消费者的利益，广大消费者为此都叫苦不迭，那么这些企业就需要改革。

我们前面讲到在市场经济中，市场结构大致有四种类型：①自然竞争型，即信息公开、买卖双方都可自由进出，政府对于这部分的企业应当有计划地逐步退出。②自然垄断型，即牵扯到公共事业和公益事业，国企可以垄断。③垄断竞争型，即需要特许经营许可的，如金融、银行、保险、航空等，国企可以控股。④寡头垄断，如大电信、大制药、大化工、大机械等品牌或名牌企业，政府对处于这一结构的国企应当坚守国有民营。总之，政府对于以上四种类型的市场机构，应当分别采取的态度是：①鼓励自由竞争。②控制国企规模。③监督寡头作乱。④谨防垄断形成。

政府应该限制全资国企的数量

严格来说，在完全的市场经济模式中，全资国有企业数量应该不多，它们应重点从事公共事业和公益事业。如果部分全资国企处于自然垄断和垄断竞争的市场结构，那么这部分全资国有企业就不应当以营利为主要目的，否则必然会与民争利，并且增加政府的财政负担。从市场经济的发展趋势来看，全资国企的数量不能越来越多，而且规模不能越来越大。

中国有大量全资国企的主要收入来源是直接或变相的财政

补贴，如许多全资国企不缴纳资源费，如果这些全资国企像民企那样，必须要交资源费的话，他们就会效益大幅下滑甚至年年亏损。此外还有大量的全资国企，免费享受政府的土地划拨。有些企业的员工工资和福利，完全依靠用土地及楼宇的对外合作收取租金，成了当代"集体地主"。对于这些少劳多获，或干脆不劳而获的全资国有企业，必须有计划地把它们推向市场，通过改革增加企业的竞争机制。对于那些不具备竞争条件，但安心吃老本的企、事业单位，应当列出计划，分期缩编，通过社保妥善安置遗留人员。

在目前的历史阶段中，中国可以保留相对多一些的从事实体经济的国有控股或者相对控股的国企。但是，要着力推进国有经济布局优化和结构调整，提高资源配置效率。

国企改革历来是中国经济改革的重头戏。如果中国的国企改革能够走出一条以市场化改革为取向，既能增强企业活力，又能使社会公共资产保值增值的新路，那么中国的改革开放就成功了一大半，创造"中国模式"。

28.

国企改革的现状与未来走向？

国企改革的现状

目前国企的主要弊端

目前企业的弊端：一是体制问题，国有股一股独大，造成实质上的"所有者缺位"。二是机制问题，法人治理很难真正发挥实质作用，企业经理人缺乏约束，会造成"掌勺者自肥"，"白手套"，假公济私，监守自盗，国有资产流失。三是政企不分，效率低下。部分政府官员的"懒政、不作为"现象通过任命被复制到企业中，使企业决策机制缓慢。还有，企业缺乏真正的破产机制，存在一定的"旱涝保收"现象。

国企改革的目的

根据国内外的实践经验，企业的运行有五条"死亡线"。

一是制度落后。制度决定体制，体制决定机制，机制决定效率。体制落后，企业必"死"。二是淘汰率低下，中低档人员淘汰率在2%以下者，企业必"死"。发达的资本主义国家淘汰率都在10%以上。三是"活"工资在工资总额中占据10%以下者，企业必"死"。四是高素质人才低于企业总人数的10%，高质量人才少，知识支撑不了企业的技术革新和先进管理运作，企业必"死"。五是信用危机，人言而无信，不知其可，企业亦是如此，无信必"死"。

国企改革的目的就是避开上述弊端和五条"死亡线"。方法就是混合所有制。混合所有制表面上看是想借助民营的机制，有效地激活国企的生命力，但其实质上是借助混合之力，逐步改变国企的管理体制，从"管理资产"逐步过渡到"管理资本"，从"社会担当"逐步过渡到"利润担当"，使这一块公共财产，充当起所有中国人养老退休和医疗保险的"钱袋子"，让人民享受到社会主义的福利。

国企改革的难点

目前国资管理的体制的确存在"一股独大、政企不分"问题。这造成了国企普遍存在着"管理行政化""决策官僚化""机制免责化"的弊端。国企的主要矛盾是生产规模的社会化和市场化，与公共生产资料被少数内部控制人绝对享受和被行政化处置之间的矛盾。国企的"一股独大、政企不分"，最终导致国企所有者"实质缺位"和管理者"频繁越位"，扰乱了正常的市场竞争秩序。

然而，如果把改革的重点集中在"去国有化"上也有问题。国企的财富是社会公共财富，是几十年的积累，是中国搞市场经济可以挖掘的财富，别国都没有。它们属于全体国民所有，应当由全民享用。不负责任地把它们划归私人，或贱卖给私企、外企都是犯罪，都是国有资产的流失。因此以只能通过混合所有制的方法，改变机制，提高国企效率。但是如果对混合所有制的股权没有限制，股权高度分散，股东对管理层失控，至多用脚投票，那么又会走到另一个极端，形成企业的内部人控制，出现胡作非为的现象。因此真正对企业形成制约的，应当是政府对市场的监管和法治。

国企改革的方向

要着力推进国有经济布局优化和结构调整，提高资源配置效率。坚持更好服务国家战略，进一步聚焦战略安全、产业引领、国计民生、公共服务等功能，调整存量结构，优化增量投向，充分发挥国有企业在解决发展不平衡不充分问题上的重要作用。积极推动国有资本向关系国家安全、国民经济命脉的重要行业和关键领域集中，向提供公共服务、应急能力建设和公益性等关系国计民生的重要行业和关键领域集中，向前瞻性、战略性新兴产业集中。加快不具备竞争优势、缺乏发展潜力的非主业、非优势业务剥离，抓好无效资产、低效资产处置。要积极稳妥深化混合所有制改革，促进各类资本优势互补、共同发展。

如果公司前几大股东实现股权多元，且相对均衡，没有第一大股东"一股独大"，股东大会就能以《中华人民共和国公司法》赋予的足够权利，要求同股同权，避免出现因为国企管理者的专权，因个人的道德风险，给全民利益和全民财产带来损失。

另外，克服了"一股独大、政企不分"，在法律上就可以保证公开招聘"职业经理人"。职业经理人会自发地要求确保绩效挂钩，从而会倒逼我们提倡多年的公司法人治理结构，以及股东会、董事会、监事会分层运作等现代企业制度的核心要素都一步步地运动起来。而随之改变的制度和机制还有干部人事、劳动用工、薪酬分配等，以及市场化的职业经理人选聘、绩效考核、投融资决策、激励约束、风险管控等机制。

国企混合改革的方法途径探析

要把握好混合所有制改革方向，坚持因地施策、因业施策、因企施策，宜独则独、宜控则控、宜参则参，不搞拉郎配、不搞全覆盖，按照完善治理、强化激励、突出主业、提高效率的要求，积极稳妥深化混合所有制改革。重点推进国有资本投资、运营公司出资企业和商业一类子企业混合所有制改革，稳妥推进商业二类子企业混合所有制改革，规范有序推进具备条件的公益类企业投资主体多元化。加强对混改全过程的监督，切实防止国有资产流失。

当然，国有企业的规模差异、效益差异、市场竞争能力等差异，导致进行混合所有制改革的方法途径差异，需要大家深入探讨，应结合企业自身实际，逐家制定个性化的改制方案。用制度经济学的语言表述：对于制度变迁中的路径依赖，要考虑传统文化和意识形态在路径选择中的作用，要考虑民众的承受能力。这些都是国有企业在所有制改革过程中，在制定个性化方案时必须要兼顾的。

按规模分类

积极推进大、中型国企（如一、二类央企）整体上市或分板块上市，实现混合所有制，通过上市评估解决国有资产的市场化定价问题。

混合的方式可以多种多样。如上市后一半以上国有股权，由国资委划转到社保基金，最终实现国资委、社保基金和其他较大社会资本股东的持股比例相对均衡且单方持股比例均不得超过33%，或者不同主管部门的国资进行混合，每一家都不超过33%，这就基本解决了一股独大的问题。当然通过增资扩股，吸收一些只参加分红，不参与决策的优先股东，也是可以的。

上市公司的董事会成员，以独立董事为主，从市场选聘。前几位大股东，按照持股比例推荐董事。少数高管可兼任执行董事。职业经理人由董事会全权从市场公开选聘。设计管理者个人风险入股或抵押入股的前置条件，以及未来的股票期权、分红等激励和约束机制。

对于小型国企（如三、四级以下规模的较小型央企）可先完成公司改制，再考虑上市。改制过程中要严格国有资产评估审批程序，骨干员工可以现金增资入股，初步实现混合所有制改制。改制后，可以到新三版的窗口公开募资，解决市场化定价。再将一半以上国有股权划转到社保基金，并逐步减持国资委和社保基金的国有股权比例，最终达到国资委、社保基金的持股比例均小于33%，避免一股独大。

按效益分类

效益较好的国企可以采取先上市混合，再逐步减持国有股权比例的方式。

效益较差的国企可以先让骨干员工参股改制，再逐步引入社会资金稀释国有股权比例。

效益极差的国企，可以考虑先进行资产评估，再到产权交易市场公开拍卖的方式，拍卖所得资金优先用于职工转岗就业补助。

按市场竞争能力分类

这种分类主要是针对小型国企。市场竞争能力较强的技术密集型小型国企，可以考虑加大骨干员工团队持股比例，国有股权降到50%以下，充分激励核心骨干团队，争取早日实现资本市场上市。

市场竞争能力较弱的小型国企可以考虑骨干员工参股改制、社会资本入股或产权交易市场公开转让等多种方式，一步就实现民营化。

总之，混合所有制的改革就是为了减少企业的国有成分和数量，减少政府干预。应鼓励国有民营，让公平的市场竞争发挥作用。

混合所有制企业的反腐败思考与实践

对于任何所有制的企业，反腐败都是一个老大难问题。企业做大的过程也是腐败温床可能变大的过程，权力寻租的机会也会越来越多，如果内部控制不好，就会出现"老虎越来越大"和"苍蝇越来越多"的现象。混合所有制企业可以发挥国有企业和民营企业的综合优势，加强反腐败的体制、机制建设，既要防止所有者缺位，又要防止内部人控制，严把"三重一大"关口和日常经营重点环节，既要防"大老虎"又要防"苍蝇多"的腐败事件发生。

切实发挥现代企业法人治理结构的作用

通过前几大股东股权多元、相对均衡的设置，解决第一大股东"一股独大"和"所有者缺位"的问题。通过设置大股东直派董事、外部董事和少数执行董事的董事会结构，解决"内部人控制"的问题。建立健全法人治理结构，充分发挥股东会、董事会、监事会、经理层分工协作的现代企业制度作用，重点把好"三重一大"事项决策关口，切实发挥"票决制"和"民主集中制"的综合作用，减少或杜绝"掌勺者自肥""白手套""吏治腐败"等重大腐败现象的发生。

切实发挥持股骨干员工的监督作用

招标、采购、分包等重点环节是企业日常经营腐败多发之地，而管理、技术骨干分布在企业经营管理的各个重要岗位和关键环节，骨干员工持股解决了"打工者"和"所有者"的身份统一问题，不仅大大激发了他们干事创业的积极性和主动性，还天然造就了一支业务能力超强、绝对忠诚负责的监督人队伍，实时在线监督"上下左右"的日常经营行为，构建一个天然的三维立体日常监督体系。例如，采购、招标专家评标组的设置，要以持股的管理、技术骨干为主，充分发挥他们"业务骨干和股东"双重身份的作用。

切实发挥"经营廉洁承诺书"的约束作用

部分民用企业先行实践的"经营廉洁承诺书"反腐手段，收到了较好的反腐败作用。"承诺书"主旨要求，投标商、供应商、分包商事前书面承诺：恪守不得有和甲方相关人员的腐败行为，否则一经发现，自愿承担腐败金额 50 倍的罚款。对甲乙双方相关人员都起到了极强的震慑和约束作用。

切实发挥党组织的领导作用

传承国有企业政治优势，加强混合所有制企业党的建设，把党组织建设嵌入公司治理结构当中，认真落实党组织会议前置研究讨论"三重一大"事项，进一步降低腐败现象发生的频次和力度。大力加强混合所有制企业党风廉政建设和廉政巡视力度，努力构建"不敢腐、不能腐、不想腐"的反腐倡廉体制机制。

当然，知易行难，混合所有制改革是一项系统工程，在企业发展实践中还需要切实处理好各方关系，混合所有制企业才能平衡各方、追求最优、行稳致远。例如：要处理好企业、股东、员工和社会之间的关系；要处理好大小股东之间的关系；国有股东、民营股东、员工股东之间的关系；党组织与股东会、董事会、监事会、经理层之间的关系；规范和效率的关系；速度和质量的关系、改革和稳定的关系等。

29.

中国市场经济改革中一些不法现象的经济效应是什么？

改革开放之初，邓小平出访日本，乘坐新干线。随着列车疾速飞驶，他看着窗外沉思，中国何时也能有这样的快铁。看到眼前的差别，邓小平更加坚信，中国必须改革，中国必须坚持对外开放，才能真正有未来。

作为久经风霜和百折不挠的革命家，邓小平肯定也会时常问自己，这条路能否走通，前面有否凶险，改革开放会否犯错误。因此，邓小平强调共同富裕，他讲过，如果导致两极分化，改革就算失败了。1992 年的南方谈话，给整个中国吹进一股春风，中国大地顿时生机勃勃，万物复苏。同时也为他本人在国内外树立了改革者全新的高大形象。邓小平南方谈话最重要的贡献之一，就是他认为社会主义也可以搞市场经济，从而确定了中国以市场为取向的改革之路。

从实际效果来看，经过四十余年的改革开放，中国的整体实力和人民的生活水平的确发生了巨大的变化，这是有目共睹的。从改革开放前的肉、蛋、油及大米、白面等凭票限量和计划供应，几乎人人都吃不饱饭，到今天这些食品全部敞开供应，人们的物质生活水平极大提高；中国的基础设施如高速公路、高速铁路、高楼大厦等现代化设施如同雨后春笋拔地而起，城市几乎每半年就会有新的面貌；中国的旅游者成群结队地环球旅行，到处消费，令世界刮目相看。外国人都看不懂中国人哪儿来这么多钱。这些钱绝对不是仅靠印刷就能够得到世界承认和交易的。市场经济以消费为导向，它的增长是真实的。这些货币对应的是全世界都能接受和消费的物质财富。

但是，由于摸着石头过河借助"试错法"前行，的确也产生了严重的贫富差别，衍生出几拨奇特的社会群体。如贪官、奸商、"啃老"族和"外逃"族，这些人成了老百姓街头巷尾经常议论的话题。他们在几年内就完成了在欧美国家通常需要几代人才能积累的财富，引起了人们对社会不公的埋怨，以及对市场经济前景的怀疑。在中国讨论市场经济绝对不可能忽略他们的存在。这些人财富积累产生的经济学效应，至今在中国、在世界仍然存在，甚至能直接影响到个别行业的兴衰，如澳洲及英美等国的教育业。因此，讨论中国特色的市场经济，必须研究这些人的经济行为，以及他们态度转变可能对经济造成的直接冲击。

贪官的经济学效应

贪官的经济学效应是指贪官作为一个庞大的隐形经济体，他们所聚敛的钱财，在国民经济中占有的分量不容忽略。贪官的经济学效应影响到中国货币的存量和货币发行量。这个效应有"正面"的效果，如果没有贪官"窖存"的海量货币现钞，就中国目前的 M2 已经高达 200 万亿元左右的发行总量而言，若没有纪检监察部门的高压监管，贪没的赃款入市，势必会诱发通货膨胀或房价大涨。

好在这些赃款由于来历不明没有参加流通，没有冲击通货膨胀。那些大量沉淀的现金，加上奸商和金融寡头个人掌握约等值的现钞，和人民币国际化后国外银行为解决汇兑预留的人民币，以及企业流动资金的人民币现金等因素，即便人民币的发行量名义上很大，但货币市场上的人民币流动性还嫌偏紧。这些归功于社会主义制度对不法收入的高压态势。

关于中国贪官所持有的总财富量目前没有权威的统计，但从全国的贪官数量及平均贪污受贿金额合计，我们不难看到，这些赃款应当达到数以十万亿级别的数量。罚没之后它们应当进入社保基金，让全体人民共享反腐的成果，增加人民反腐的热情。

奸商的经济学效应

奸商主要指官商结合，靠资源垄断和市场垄断在短期内暴富的群体。不论他们是做实体经济还是做虚拟经济，他们都有偷税漏税的嫌疑。奸商的经济学效应影响到社会公平和基尼系数。这个效应多数是负面的。奸商首先来自部分地产商，其次来自部分网络平台运营商和券商。

商人与企业家有根本的不同。企业家如任正非、曹德旺、董明珠等，他们有使命、有担当、有社会追求。中国真正的企业家主要是指从事实体经济的企业精英，他们是未来中国企业走向世界的宝贵财富。商人从本质讲就是唯利是图，他们左手倒右手的买卖就是为了赚钱。合理合法的赚钱无可厚非，促进了商业的流通，对市场经济做出了贡献。奸商则不同，他们利用偷税漏税，或利用平台垄断，打击竞争，抑制创新，搞资本无序扩张，延伸到社会各个领域，对消费者的选择权进行剥夺，甚至通过控制舆论和大数据，对政权造成威胁。这些都属于奸商范畴。

改革开放之后，有一批从事房地产的商人在短期内通过收买政府主管获得土地资源，再通过买卖楼花，预收房款，支付土地地价，再抵押土地获得银行贷款，之后通过工程承包粗制滥造套出现金，他们迅速地从无产者变成了巨富。他们的这种运作全部都是通过现金买卖实现的。当然从事房地产的商人大多数还是好的，涉罪的仅是少数。

中国的另一类奸商大都来自虚拟经济，来自虚拟经济的金融服务业和计算机互联网服务业。当然，从事虚拟经济的人数庞大，这些行业是当今高考生投报志愿的首选，其从业人员百分之九十以上都是干干净净、清清白白的打工者，即便是发了财的老板，多数也是踏踏实实做事的。但是他们中间也有少数金融寡头，来自官商结合的优良资产和稀缺的许可私相授受，来自行政官员的站台助威和特殊批示。更主要的法宝在于他们的股东团队里，若明若暗地隐藏着法律或党纪不允许的"子弟兵"。这些奸商的财富与愿望，在一定程度上可以通过其关系和雇员，左右中国某些行业或领域的经济走势，所以不能小觑。

"啃老"的经济学效应

"啃老"是一种怪象。中国的老百姓现在多数都可以养活一两个或两三个吃闲饭的。"啃老"的经济学效应可以在一定程度上减轻社会的就业压力。这个效应有正面的效果。"四人帮"刚粉碎时，上山下乡的知青回城，那时有粮票、副食本、肉票、工业券等票证的限制，谁家也养不起闲人。"啃老"的经济学效应在中国现行经济体制中扮演的角色很重要，它可以帮助政府缓解失业人口带来的就业压力。今天想让成百上千万失业大军迅速消失掉，哪怕是万能的"互联网＋"也没有这个能力。"啃老"经济作为一种普遍的社会现象，凭其海绵般的吸纳效应，确实能减缓就业压力，维持社会稳定，但长期看会带来很多隐患。所以不容忽视。

"外逃"的经济学效应

正常的出国留学和工作等是改革开放的产物，是政府支持的工作。正常的海外移民和定居，也是每个公民的权力。这些与在国内发财，向国外转移资产的外逃经济是两个概念。多数"外逃"经济是要落袋为安，享受生活。其中很多人的财富获得有瑕疵，他们只想"洗洗干净"，以便颐养天年和传宗接代。他们没有政治目的，不想颠覆政权。外逃经济支撑了不少国家的教育产业和房地产产业。有人说外逃经济是"民心所向"，是用脚来投票。当下办理国外移民的人数与日俱增，其实"外逃跑路"的，大多都是有财富或有知识的人。这些"外逃"对于中国的经济发展和建设不是好事。国家的建设不能依靠贫穷和愚昧。从侧面看，我们可以感到40余年的改革开放给中国和世界带来了多少有形的财富，这种致富的速度也是美国经济无法比拟和理解的。"外逃"的经济学效应所涉体量之大，是我们谋划中国经济向何处去时，不能不考虑的一个因素。如果国内能创造良好的营商环境，出台好的政策，使得这笔财富能够像20世纪90年代都争着涌回到国内，参加建设，那将是一股举足轻重的助力。

以上四种所谓的"经济学效应和现象"，是改革开放的支流和副产品。作为改革开放的主流和主产品，中国第一次真正地在政治、经济、国防、科技等方面，在世界民族之林中站立起来了。如果我们这一代人能够继续高举改革和反腐这两面旗帜，通过顶层设计，始终团结多数人，变消极因素为积极因素，以上四种不正常的经济现象就会消失，我们就会赢得人民的信任和支持，赢得国际上的理解和赞扬。一个公平开放、竞争有序的市场经济体系才会逐步建立。

30.

为什么仍然要坚持市场化取向的改革？

有一种奇怪的现象，在中国要坚持市场化取向的改革，常常被称为"右派"。在欧美，要坚持对市场经济的改革，常常被称为"左派"。这是为什么呢？

计划经济与市场经济犹如一条绳子的两端。左端系的是纯计划经济，右端系的是纯市场经济。混合经济实质上是一条中间道路。对于传统计划经济体系而言，提出改革的人主张通过市场经济，提高生产效率，因此显得偏"右"。对于传统的自由市场经济体系而言，提出改革的人主张通过加大社会福利，保障社会公平，因此显得偏"左"，被称为左翼政党。欧洲左翼政党，如英国的工党，法国的社会党和德国的社会民主党等，他们身上或多或少都有恩格斯倾向的第二国际的基因和影子，他们是站在市场经济右端的左派。

"所有制"的概念，是由于部分理论工作者长期受计划经济的影响，把斯大林主义盲目地移植过来，才造成了我国国企改革，长期因背负"所有制"的包袱而举步维艰的局面。所以说，"制度决定体制"的说法虽正确，但不全面，因为"理论可以决定制度"。就我国的实际而言，目前需要改变的不是制度本身，而是理论，是理论上对社会主义市场经济的定义。社会主义与资本主义的分别，绝对不应当是"公有制"或"私有制"成分在经济体量中占比的多少，更不是两种所有制斗争胜负结果所能够界定的。中国的"公私合营"和"人民公社"等尝试，其实都是围绕"所有制成分"展开的，后来干脆演变成一种赤裸裸的"成分论"及"血统论"的革命。这就是"无产阶级文化大革命"。"无产阶级文化大革命"走到"左"的极端，几乎消灭或限制了所有私有制，同时也把中国的经济几乎推到了崩溃的边缘。

党的十八大以来有关企业改革和混合所有制提法的决议，是在弱化传统的、总是围绕所有制展开的意识形态的争论，是坚持市场化取向改革的明智之举。因此，我们必须坚持市场化取向的改革。

如果所有制这个魔咒解不开，就会出现越来越多民营企业、私人企业都希望带上公有制的"红帽子"，与国有企业"攀亲戚"。如今民营企业若没有国企的"混合"，他们的立项、批项及申请银行贷款都会受到很大阻力。有了国企的色彩，批准者没有固定资产流失的担心。

上述种种倾向，在这一波反腐的浪潮中，表现尤为突出。这是一种极为反常的做戏。政府应当向大家反复讲清楚，不论黑猫白猫，能抓老鼠的都是好猫。不论民企还是国企，能守法缴税的都是好企业。此外，不论黑猫白猫，让老鼠屎掉进汤锅的都是坏猫。不论面对民企还是面对国企，银行让公共财产受到损失的，都要追究审批者们终生的责任。

当然市场化取向的改革不应当止于所有制的混合。所有制的混合，只是第一步，只是让市场经济这盘棋上的棋子出现了多元化，从而模糊了中国传统政治经济学对企业有所谓全民所有制、集体所有制、个体商贩这种类似"家庭出身"或"本人成分"的申报。就在前几年，工商注册上仍然保留企业所有制性质的说明。个体不如集体，集体不如全民，这是典型的封建等级经济思想的残余。如今大家抱怨小微企业贷款难。企业贷款至今仍然有以所有制成分定亲疏，银行放款仍然有以所有制谈免责的影子。

如果我们借混合所有制的改革春风再进一步，在工商注册时，彻底取消企业成分登记，就像我们今天的个人填表，取消了"家庭出身"一样，那么我们的企业就能真正地登上市场经济公平竞争的大舞台。犹如在多数市场经济国家里，没有人关心你"爸爸"是谁，凡干得好的就有人捧场，凡是好的项目就有人敢投资，有人肯贷款。在市场经济竞争中，大家看重的是企业自身的真材实料，不是虚名，更不是"老子"的身份。

坚持市场取向的改革最终实现的是混合经济。混合经济要求所有的市场成分，即个人、企业和政府各自扮好自己的角色，企业和政府之间没有交叉，没有勾结，因此也就没有错位和腐败。企业管生产，政府管社会。政府只管税收，只照顾公共利益和公共事业，只注重反对垄断和维持公平的竞争秩序。政府对于经济运行可以规划和引导，可以通过货币政策和财政政策进行干预，但要尽量避免直接干涉。这种经济形态，就是政府有限干预下的、公平竞争的自由市场经济。这应当成为我国坚持市场化改革取向的顶层设计的指导原则。

索　引